「本当の友達がいなくてさびしい」と思ったとき読む本

大嶋信頼

KADOKAWA

はじめに

みんなは友達と仲よくやっているな、と感心することがあります。ＬＩＮＥでマメに連絡をとり合って、友達が書いた記事に「いいね！」を押したりコメントしたりしている。飲み会を開いたり、友達の家族を誘ってバーベキューパーティーをしたりして楽しんでいる。「いいなー！　あんな風に友達と楽しく集まって遊べたら」「自分も友達をつくって楽しくワイワイやりたいな」と思うけれど「あれ？　友達がいない」という現実が。仕事仲間はいるけど「それって友達なの？」という疑問が。仕事以外のつき合いがどうしてもできない。そんなこと、ありませんか？

たとえばだれかとマメにメール交換でもしていれば仲よくなって「友達かも？」と思えるかもしれないのだけれど、メールをするときに相手の気持ちを考えてしまうと書くのが億劫になってしまう。さらに、メールで連絡をもらっても、なかなか返事を返すことができない。やっと返信しても、相手が気分を害さないようにあたり障りのないことを書いてしまうから、相手からの返信がない。結局、それ以上、やりとりが続かずに「友達になれない！」とショックを受ける。

他のみんなは、気軽にメールでやりとりをしていて、どんどん友達が増えていったり、関係が深まったりするのに「自分だけ友達ができない」と孤独になってしまう。「自分の何がおかしいのかな？」と考えてしまう。自分に魅力がないから友達ができないの？　それとも緊張しすぎていてみんなが自分から離れてしまうの？　人一倍相手に気をつかって、相手の気持ちや立場を考えているのに。そしてだれよりもやさしいし、たくさんの人に親切にしているのになぜ友達ができないの？　そんな風に不思議になる。

他の人たちは友達をつくる努力をしているわけでもなく自然と友達ができているみたいなのに自分だけは孤独。この仕組みがわかって自分がこの孤独から解放されたらどんなに楽なんだろうと思う。

カウンセリングでは、この友達関係の悩みってものすごく多いのです。「自分には友達がいない」とたくさんの人が悩みながら孤独から抜け出す努力をしています。そんな「友達がいない」という悩みに対して私は、「友達なんかいらない！」という乱暴な答え方をすることがあります。その理由は「友達がいない」という人に限って「友達をつくらなきゃ」と努力してしまっているから。努力しなきゃいけない関係って、本当に友達っていえるの？　という疑問が私にはわくのです。実際に、努力をするのをやめたら「あ！　やっぱりあの友達は去っていった！」となるような人は、最初から友達じゃなかったんです。孤独になりたくないと、一生懸命に努力をすればするほど本当の友達じゃない人を相手にしてしまうことになる。そうしてさらに、「友達がいない」と努力しなければいけない悪循環になっていたのです。

さらに、「本当に友達は必要なの？」という疑問に立ち返ってみると、友達という人間関係のおもしろい仕組みが見えてきます。さびしいから友達が必要と思っていたのだけれど、実は、友達関係がそのさびしさをつくり出しているのかも？　ということがあったりするんです。

とはいえ、「努力をするのをやめたら本当の友達が見えてくる」という結末では読者の皆さんの孤独は埋まらないと思います。「こんな私にだって簡単に友達ができる！」という方法を最終的にお伝えしたいと思っています。そして、その友達関係をどうやって大切に育んでいったらいいかなどの方法もこの本では紹介していきます。

そして、友達をたくさんつくってみて、最終的に「やっぱり友達は自分にとってそんなに必要じゃなかったかも！」となって「あれ？　あのさびしさって本当に幻想だったんだ！」とこれまで抱えていた孤独から解放される。そして孤独から解放されたときに、本当の友達が見えてきて、その友達に支えられて自分の人生を自由に生きられるようになるのです。どんなときでも、自分を信じてくれる友達がいて、その友達を支えにできるって、本当に心強いんです。どんな自分であっても何をやっていても、その信じてくれている友達がいるから自分は輝くことができる。そんな大切な友達を探し出すことができるようになります。

「私には友達がいない」と私はずっと幼い頃から思っていていつも孤独でした。でも、この本の執筆を通じて私自身も、自分にとって一番大切なものを探し出すことができたような気がします。孤独から解放されて本当の自分自身でいられるようになる友達を、探し出すことができたのです。

大嶋　信頼

もくじ

はじめに……2

第1章

私には「本当の友達」がいない？

私たちはどうして友達がほしいと思うのか？……12
友達をつくるのが難しい！　と思う理由……16
あなたにとって友達はどんな存在？……20
心からわかり合える友達って本当に、いる？……24
パーソナル数値が自分と共感し合える人を教えてくれる……28
パーソナル数値の違いは「文化」の違い……32
文化が違う相手と仲よくなる方法……38

case study
こんな私だから本当の友達がいないの？
軽いつき合いの友達はいるけれど本音で話せる人がいません……42
断られるのがこわくて自分から人を誘えません……46
少し親しくなると、相手のいやなところばかり目についてしまいます……50

グループ内で、いつも面倒なことを押しつけられているような気が…… 54
とくに理由はないのに周りから嫌われている気がします…… 58

第2章

「本当の友達」って、だれ？

「目的別」の友達づき合いがあっていい…… 64
「友達」とは、秘密を守り合える関係のこと…… 68
「友達」「家族」「恋人」は愛情の種類が違う…… 72
「会えない」ことで終わる友情はない…… 76

case study こんな私が求める本当の友達は……

友達には、ありのままの私を受け入れてほしい！…… 80
友達とは、同じ意見や価値観をもっていたい！…… 84
口に出さなくても、私の気持ちを察してほしい…… 88
私の話をしっかり聞いてほしい…… 92
いつだって私の味方でいてほしい…… 96
私が困っているときは助けてほしい…… 100

第3章

友達って、本当に必要？

信頼できる友達がひとりでもいればいい……104
友達がいるとなぜかどんどん運がよくなる……108
ひとりがさびしい、と感じたときは「本当に？」と自分に聞いてみる……112
求めている友情の深さは人それぞれ……116
友達がほしい？　つくるのは、とても簡単……120
友達づくりが面倒？　必要なのは心でつながれる相手だから……124

case study

こんな私に、友達は必要？

友達と楽しそうにしている人を見るとうらやましくなります……128
友達がいないのは自分に魅力がないせいだと落ち込みます……132
友達がいたらきっと楽しいだろうな、と思います……136
友達の前でキャラをつくっている私って……140
周りの人は、なぜもっと私のことを気にかけてくれないの？……144

第4章

大人になっても、友達ってつくれる？

友達探しの第一歩は理想の友達を思い描くこと……148
小さな「すごい！」が友達を引き寄せる……152
「どうして？」は異文化を理解するためのキーワード……156
case study
こんな私に、友達はつくれる？
空気を読むのが苦手なせいか「かわった人」と思われてしまいます……160
相手の反応がいちいち気になってしまいます……164
相手に少しでも強く出られると萎縮してしまいます……168
他人との距離感をはかるのが苦手です……172
自分の本音とは違っても人に同意することしかできません……176
ちょっとした発言や行動で周りの人に引かれることがあります……180
グループの友達と一緒にいてもなぜか疎外感があります……184

Column
「わかっている」という決めつけ　ステレオタイプ……27
数値の違いは「住む場所」の違い　パーソナル数値……36
相手とのつながりをつくる　イエスセット……41
「行動しない」攻撃法　受動攻撃……49
相手を破壊したくなるほどの強い気持ち　嫉妬の発作……57
無意識を起動させて相手を知る　気になる人の観察日記……62
嫉妬は止められない　でもリカバリーはできる……99
一度でダメならもう一度　心はあまのじゃく……115
疑問を感じているのはだれ？　常識からのダメ出し……127
上下関係をつくらせないために　逆説のテクニック……179

おわりに……187

構成・執筆協力　野口久美子
本文デザイン　吉村朋子
本文イラスト　伊藤美樹

第1章

私には「本当の友達」がいない？

私たちはどうして友達がほしいと思うのか？

私たちが友達を求める大きな理由のひとつは、「共感してほしい」から。他人からの共感を必要とするのは、動物的な本能です。

現代人の生活は、ストレスだらけです。ごく普通に暮らしているだけで、私たちはストレスをため込み、そのせいで脳が「帯電」したような状態になっています。

脳がストレスで帯電していると、どうなるのでしょう？

近くにいる相手が、そのエネルギーをキャッチ。そして本能的に、あなたに対して攻撃的な態度をとるようになってしまいます。

こうした「いわれのない攻撃」は、相手に「やめて！」と言ってもおさまるものではありません。もっとも確実な防御法は、ストレスをためないことです。そして、ストレスの発散に有効なのが、だれかに共感してもらうことなのです。

「だれかにわかってもらうこと」を本能的に求めている

共感してもらうためには、「だれかに話す」必要があります。この「だれか」が、「友達」という存在です。

「うちの上司、口うるさくて……」

あなたは脳に帯電したモヤモヤを言語化し、だれかに伝えます。相手はその言葉から状況などを知り、それに加えて、「ああ、上司とあまり気が合わないんだな」のように、あなたの思いを受け止めます。

このように、**「だれかに伝えて、わかってもらった」と感じることで、ストレスが消えていくのです。**こうした仕組みを本能的に知っているので、私たちは「友達がほしい！」と思うのです。

共感してもらう相手なら、家族でもいいんじゃない？　と思うかもしれません。でも残念ながら、家族ではストレス解消効果が今ひとつです。

家族に対しては、どうしても「わかってくれて当然」「すべて言わなくても伝わるはず」といった期待や思い込みがあるもの。そのため、伝え方が不十分だったり、心からの共感を得た、という満足感が低くなったりしてしまうのです。

自分にとっての「友達」とは……？

友達って、どんな人のことでしょう。

一緒に遊びに行ったり、食事に行ったりする人？

自分を理解してくれる人？

互いに励まし合い、切磋琢磨する人？

「友達」のイメージは人それぞれ。「どこからを友達と思うか」という線引きもさまざまです。

だから、友達が多い人もいれば、少ない人もいます。そして、友達が少なくても満足している人もいれば、友達が少ない自分に自信がもてなかったり、孤独や不安を感じたりする人もいます。友達が「いない」または「少ない」からとさびしさを感じるのは、**本能的に友達を求めているのに、自分が思い描く友達像にぴったり！という**

相手に出会えていないから、なのでは……。

私たちは、ひとりひとりが違う人間です。生活スタイルや属する社会などに共通点が多ければ、共感できることも多いでしょう。でも、「それ、わかる〜！」というポイントがあるからといって、考え方や価値観までぴったり一致するわけではありません。むしろ共通点があるからこそ、違う部分が気になってしまう可能性もあります。

「いつでも共感し合い、それを確認し続けられる関係」は、一種の幻想。だれかと心の底からわかり合うことは、難しいのが現実です。幻想を追い求めている限り、「友達」のハードルはどんどん上がっていってしまいます。

いったん立ち止まり、友達とは何か？　を考えてみませんか？

少し視点をかえるだけで、すでによい友達がいたことに気づいたり、新しい友達を見つけたりすることができるはずです。

私たちが友達に求めているのは「共感」。わかってもらうことで、脳のストレスを解消している。

友達をつくるのが難しい！と思う理由

友達をつくるのが苦手。人と一体感を得られない。

こんな悩みの原因を考えてみたことはありますか？

消極的な性格だから？

空気を読むのが下手だから？

ひとりで突きつめていくと、つい自分を責めてしまいがちです。でも実は、他人との関係づくりが苦手な場合、「自分ではどうにもならない部分」に原因があることも少なくないのです。

他人との距離を縮めるためには、相手への信頼が必要です。そして、信頼を築く際に重要な役割を果たしているのが「オキシトシン」というホルモンです。

オキシトシンは、授乳する際に母親の脳内で分泌されることで知られています。同時に、母親に抱きしめられることによって、子どもの脳内でもオキシトシンが出ています。そして子どもの頃、抱きしめられた経験が不足していると、大人になってからもオキシトシンが分泌されにくくなってしまうのです。

また、これまで私が、カウンセリングで得た客観的なデータから、子どもの生まれ順と性別が、母親が子どもを「抱きしめたい」と思う気持ちの強さにも影響しているのではないか？　とも考えています。母親にとって抱きしめやすいのは、第一子は男子、第二子は女子。第三子以降は男子、女子と、男女が交互に続きます。こうした傾向は、決してえこひいきや愛情不足ではありません。母親自身にもどうすることもできない、動物的な本能によるものです。

緊張した状態が続くと、「緊張のスイッチ」がこわれる

オキシトシンの分泌量が少ない人は、他人を信頼したり、他人からの信頼に応えたりすることがあまり得意ではありません。そのため、**他人の気持ちを気にしすぎてしまいがち**です。

目の前の相手が目をそらせば、「私のことが嫌いなのかも」。何かをしようと思っても、「こんなことをしたら、ヘンな人と思われるかも」。いつもこんな風に考えてしまうため、人と一緒にいるとリラックスすることができません。

通常、人の脳は、緊張するべきときに「緊張のスイッチ」が入るようになっています。でも、いつも人の気持ちを気にしてドキドキしていると、緊張のスイッチがこわれてしまうことがあるのです。その結果、「脳が緊張しっぱなし」の状態が続き、反対に「緊張するべきとき」に気持ちが緩んでしまう……なんてことが起こります。

緊張度が高い人は「仲間」と認められにくい

脳の緊張度が高いと、集団に溶け込むことが難しくなります。嫌われたくない！攻撃されたくない！　と自分を守るのに精一杯で、いつもビクビク、オドオド。他人の気持ちを考えすぎて「自分」を見失っているため、理不尽なことを言われたりされたりしても反撃することができません。

こんな状態で、友達をつくろう！　と頑張っても、裏目に出ることが多いもの。人に言われるままに動き、いやなことをされても黙って受け入れる。**こうしたことを続けた結果、生まれるのは、友情ではなく上下関係です。**「仲間」として受け入れられるのではなく、「支配される側の人」とみなされてしまうのです。上下関係ができてしまうと、周りとの一体感を得ることができません。そのせいで、これといった理由もないのにグループから排除されてしまう……なんてことも珍しくありません。

残念ながら、脳の緊張の原因となっているオキシトシンを出やすくしたり、こわれてしまった緊張のスイッチを自力で修復したりすることはできません。でも、「じゃあ、私は友達をつくれないの？」などとショックを受けなくても大丈夫！

友達ができにくい原因が「脳の緊張」だと知っただけで、すでに一歩前進。「緊張しやすい自分」を認めれば、うまくコントロールするコツをつかむこともできます。

友達づくりを難しくしているのは、脳の緊張。まずは「緊張しやすい自分」とのつき合い方を知る。

あなたにとって友達はどんな存在？

たとえば、重要な発表をする場に居合わせたとき。緊張している発表者を見ている
うちに、自分までドキドキしてきた……。こんな経験、ありませんか？
なぜ、当事者ではない自分までドキドキするのでしょう？
発表者と、赤の他人なのに。
発表が成功するかどうかに、利害関係があるわけでもないのに。
もし私があの立場だったら、と過剰に感情移入しているから？
頑張っている発表者を応援したい気持ちが高まるから？
どちらも、不正解。そもそも、こうした状況で感じるドキドキは、あなた自身の緊
張ではないからです。

人と人は脳でつながることができる

人の脳には、「意識を向けた相手のまねをする」という性質があります。これは、脳の神経細胞の一種である「ミラーニューロン」の働きによるもの。ミラーニューロンは、動作や表情といった表面的なものだけではなく、相手の意図や感情までなぞることがわかっています。

この場合で言えば、**発表者の緊張をあなたの脳が感じとったせいで、自動的に同じ状態になってしまった、ということになります。**悲しい話を聞いてもらい泣きしたり、上級者のプレイを見ることがスポーツの上達につながったりするのも、ミラーニューロンの働きによるものです。

こうした反応は、相手の表情や動作などから気持ちを推測する……という意識的なものではなく、もっと本能的なものです。だから、「まねをするのはやめよう」などと思っても、やめることはできません。また、相手が表面的に平静を装っていたとしても、緊張感などの感情はしっかり伝わってきます。

つまり、人と人は言葉などでコミュニケーションをとらなくても、「脳でつながる」ことができるのです。

会わなくても、話さなくても、友達でいられる

人数は多くないけれど、私には友達がいます。でも、その友達の中には、もう二十年近く会っていない人もいます。

会って話をする機会もない人を友達といえるの？　と疑問に思う人もいるでしょう。でも私にとって、彼らは友達。**その理由は、「脳でつながっているから」です。**

私は、いつでも好きなときに彼らのことを考えることができます。そして、そのとき自然に、喜びや相手に対する尊敬を感じます。だから「友達」なのです。

脳でつながっているとき、その相手とは言葉や態度などでコミュニケーションをとる必要はありません。そんなことをしなくても、感情をダイレクトにやりとりすることができるからです。

脳のつながりは、双方向です。たとえば、私がAさんのことを思い浮かべて尊敬や

好意を感じるのなら、Ａさんが私のことを思い浮かべたときにも同様のことが起こるのです。さらに言えば、私がふとＡさんのことを思ったのは、Ａさんが私のことを考え、その思いが私の脳に伝わってきたから、という可能性だってあります。

顔を合わせたり、相手への気持ちを言葉で確認し合ったりしなくても、互いへの思いがあればいつでもつながることができます。

頭の中に「だれか」を思い浮かべてみてください。そのとき、あなたが温かい気持ちになるなら、その人は間違いなく友達。反対にモヤモヤするなら、たとえ頻繁に会って親しくつき合っている相手でも、友達とはいえないのかも……。

ちなみにこのとき、相手は自分をどう思っているのかな？　などと気にする必要はありません。相手の気持ちは、あなたがその人を思い浮かべた瞬間に伝わってきているから。自分が友達だと思えるなら、その人は、あなたの友達です。

思い浮かべたときに「友達だ」と思える人は、あなたの友達。

心からわかり合える友達って本当に、いる？

友達だ！　と思える人が見つかると、次はその人に会いたい、と思うのではないでしょうか。会えば楽しいに決まってる。話が合って、互いに気持ちをわかり合うことができて、友情をさらに深められる。……なんて思うから。

でも残念ながら、会って話すことがプラスに働くとは限りません。なぜかというと、思いを言葉や態度で伝えることによって、ズレが生じることがあるからです。

こんな場面を想像してみてください。待ち合わせをしたカフェに入っていくと、Aさんはすでに窓際のテーブルであなたを待っています。眉間に深いしわを寄せて。あなたが明るく声をかけると、Aさんは顔を上げますが、なんとなく表情が暗い。

そのときあなたは、こんな風に思うのではないでしょうか。

私が待たせちゃったから機嫌が悪いのかな。

そして弱気になったあなたは、Aさんにサービスしはじめてしまいます。Aさんが喜びそうな話題を探したり、Aさんの話に大げさに反応してみせたり。だって、一緒に過ごす時間をつまらないものにしたくないから。Aさんに嫌われたくないから。

下手《したて》に出るとかえってよくない

でも、こうした「ご機嫌とり」は、人間関係をこわすものでしかありません。**どちらかがサービスをした瞬間、ふたりの間のつながりは友情ではなく、上下関係にかわってしまうからです。**

上下関係ができると、支配される側（サービスする側）は相手の顔色をうかがって緊張し続けることになります。こうしたサービスは、百害あって一利なし。さりげなくサービスしているつもりでも、あなたの緊張は相手に伝わります。だれだって、腫れものにさわるような扱いをされるのは、気分がよいものではありません。だから多くの場合、支配する側（サービスされる側）はサービスを喜ぶどころか、気をつかわれるほど、バカにされているように感じてしまうのです。

友情を確認しようとする行為が、友情をこわす

脳内で成立していた友情がこわれるきっかけは、「Aさんが不機嫌そうだったこと」です。でも、「不機嫌そう」と思ったのは、あなたの勝手な判断。実際は、Aさんはまぶしくて眉間にしわを寄せていたのかもしれないし、表情が暗かったのはおなかが痛かったせいかもしれない。本当のところは、Aさんにしかわからないのです。

他人の感情について、「～だから、～だろう」のように意識的な判断をしようとするほど、事実とはずれていくことが多いもの。そして、小さなズレを修復しようとすることが、さらにズレを大きくしてしまいます。頭の中で感じた友情は、確実に存在します。だから、言葉や態度で確認しなくても大丈夫なのです。

脳内で感じた友情は本物。
言葉や態度で確認する必要はない。

Column

「わかっている」という決めつけ
ステレオタイプ

「銀行員」といえば？　まじめで几帳面。白いシャツに、地味めのスーツ。「テレビ局のディレクター」といえば？　明るくてノリが軽め。服装は派手で、もしかしたら、肩にセーターをかけている……？

私たちは職業を聞いただけで、こんな像を思い浮かべます。このように、「〇〇といえば、こんな感じ」という一般的なイメージを「ステレオタイプ」といいます。

私たちが「わかっている」と思うことは、実は先入観に基づいた思い込みであることも少なくありません。

そういうものをもっていても構いませんが、同時に「違うかも？」と疑ってみることも大切。「遅刻してきた→ルーズな人」「顔をしかめた→怒っている」などと単純に決めつけてしまうと、人やものごとの本質が見えなくなってしまうこともあるからです。

パーソナル数値が自分と共感し合える人を教えてくれる

3人の人が、同じ恋愛映画を見たとします。

Aさんは「素敵な映画だったな。心が癒されちゃった」。

Bさんは「ちょっと都合がよすぎるストーリーだよね。偶然の再会が多すぎるし、そもそもヒロインが大企業のバリキャリなのに、毎日定時退社なんてありえないし」。

Cさんは「弁護士役の俳優さん、劇団○○の人だよね。演技が上手だし、去年見た舞台ではアクションもやってたな。たしかあの舞台の演出家は……」。

もしこの3人が感想を語り合ったら？　お互いに話がかみ合わず、あまり盛り上がらないのではないでしょうか。

このように、ものごとの捉え方や考え方は、人それぞれです。もちろん、映画を見た3人の感想に、正解・不正解や優劣はありません。ただし、「共感しやすさ」ということを考えた場合、自分と考え方や感じ方があまりにも違うと、「そうそう、私も！」というポイントが見つかりにくいのは事実です。

Aさんが「ああ、いい映画だった……」と余韻に浸りたいときに、設定やストーリー展開にケチをつけるようなことを言われたり、脇役の俳優さんに関するマニアックなネタを披露されたりしたら、どうでしょう？　せっかくのいい気分を台なしにされ、ちょっとがっかりしてしまうのではないでしょうか。それよりは、「ほんとだね。私もジーンとしちゃった。とくにあの公園のシーンでさ……」なんて盛り上がれたほうが楽しいし、お互いに打ちとけられるはずです。

考え方や感じ方が近いほど、共感しやすい

友達を探すとき、ポイントになることのひとつが、相手との共通点です。「自分と同じ」ものがある人とは、共感しやすくなるからです。職場、趣味、出身地、共通の知り合い……。共通点はなんでも構いません。でも、もっとも重要なのは、「ものごとの捉え方や感じ方」に関する共通点です。

ものごとをどんな角度から見るか。

どんなことを感じるか。

どのように考え、どのぐらいまで掘り下げるか。

こういった部分が近いほど、**「わかり合える」感覚を得やすくなります。**そして共感しやすい相手であれば、一緒にいても過剰に緊張することがないため、対等な関係をキープしやすくなります。つまり、「友達になりやすい」のです。

では、「ものごとの捉え方や感じ方」が自分と近い相手をどうやって探せばよいのでしょう？　その方法は、とても簡単です。

心に尋ねるだけでわかる「パーソナル数値」

まず、ものごとの感じ方や考え方の傾向を数値化します。この数値が「パーソナル数値」です。パーソナル数値は、自分の心に尋ねることでわかります。心を落ち着けて、問いかけてみてください。

「私のパーソナル数値はいくつ？」

このとき、心に浮かんできた数が、あなたのパーソナル数値です。なんとなく自信がもてない……というときは、「本当に？」と聞いてみます。自分が納得できるまで、何度でも「本当に？」の問いをくり返しましょう。

次に、友達になりたい相手のパーソナル数値も、自分の心に尋ねます。

「Aさんのパーソナル数値はいくつ？」

心に浮かんできた数が、その人のパーソナル数値です。ふたりの数値の差が小さいほど、考え方や感じ方が似ており、共感しやすい、ということになります。

パーソナル数値は、あくまでも自分と相手の「差」を知るための手がかりです。自分を基準に、どのぐらいの「近さ」にいるかを示すもので、数の絶対値が大きい（または小さい）ほどよい、というわけではありません。

友達になりたい相手のパーソナル数値を知ることで「共感しやすい相手」かどうかがわかる。

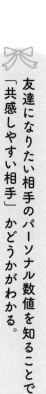

パーソナル数値の違いは「文化」の違い

身近な人を何人か思い浮かべてみてください。相手のことをそれほど深く知っているわけではなくても、なんとなく「合う」と感じる人と、「合わない」人がいるのではないでしょうか。

こうした印象が生まれるのは、脳でやりとりしているからです。その人のことを思い浮かべただけで脳がつながり、相手の感情や考えが伝わってきます。そして、相手の感じ方などに共感できる部分が多いほど、「自分と合うな」と感じるわけです。

実際に顔を合わせたり言葉で確認したりしようとすると、意識的な判断が加わるため、多くの「ズレ」が生じます。でも、脳だけでつながっている状態なら、余計な情報が入ってこないため、判断を誤る心配はありません。自分だけでなく、他人のパーソナル数値も自分の心に尋ねるのは、このためです。

「Ａさんのパーソナル数値を知りたい」と考えた瞬間、あなたとＡさんの脳がつながります。そして、Ａさんがどんな考えをもち、どんな感じ方をするのかなどが、あなたの脳に瞬間的に伝わってきます。それに対して自分がどの程度、共感できるか。その答えが、Ａさんのパーソナル数値に反映されるのです。

Ａさんに会い、話し合ったうえでパーソナル数値を出そうとすると、正確な数値は得られません。目の前にいるＡさんの様子などから意識的な判断が加わり、バイアスがかかってしまうからです。

パーソナル数値の違いは、住む場所の違いのようなもの

出会って間もない人に「合う」「合わない」などと感じることがあるように、**だれかと共感できる度合いは、本来、ファーストコンタクトでわかるもの**です。それでもあえてパーソナル数値で表すのは、相手との違いを実感しやすくするためです。

自分にとって、一緒にいてもそれほど違和感を覚えないＡさんと、なんとなく居心地が悪いＢさんがいるとします。自分自身とＡさん、Ｂさんのパーソナル数値を出し

てみると、Aさんのほうが自分に近い数になるはずです。

パーソナル数値の違いは、「住む場所の違い」と考えるとわかりやすいかもしれません。高い山の上に住む人と海辺で暮らす人では、文化が大きく違います。お互いの暮らしぶりについては、わからないことのほうが多いでしょう。

もちろん想像することはできますが、限度があります。たとえば山で暮らす人の場合、海辺の暮らしのイメージは、魚がおいしいんだろうな、日常的にマリンスポーツを楽しんだりしているのかな、程度のものだったりします。潮風で洗濯物が乾きにくい！　とか、海で遊んだ後は自宅のバスルームが砂だらけになって掃除がたいへん！　なんてことまでは、考えが及ばないのが普通でしょう。

でも、高原での暮らしなら、そこそこ正確に思い浮かべることができるはず。その理由は単に、山に住む人にとって、海より高原のほうが自分の文化に近いからです。

自分とのパーソナル数値の差が小さい人は、自分と似た文化をもつ人。差が大きい人は、自分とは違う文化をもつ人です。パーソナル数値の差が小さいAさんは、あなたとそれほどかわらない暮らし方をしているから、共通点が多く、共感しやすい。でもBさんの暮らしは、あなたにとって未体験ゾーン。共通点もほとんどないのですから、「そうそう、わかる！」と共感できることが少ないのも当然なのです。

数値化することで、他人との違いを再認識

わかっているつもりでも忘れてしまいがちなのが、「自分と同じ人はいない」ということ。相手との違いを「数」で表すことによって、自分との違いを再認識することができます。さらに差の大きさが、**相手のことを「わかっていない」という事実に気づかせてくれます。**

他人のことを「わかっている」と思うのは、幻想にすぎません。「海の暮らし＝おいしい魚とマリンスポーツ！」などとステレオタイプ（27ページ）にあてはめ、「わかったつもり」になっているだけ、ということも多いのです。

パーソナル数値を出してみると自分と人が「違う」ということに気づく。

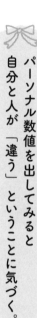

Column

数値の違いは「住む場所」の違い
パーソナル数値

パーソナル数値は、自分と相手の「違い」を知るための手がかり。「住む場所」にたとえるなら、自分と似た環境の暮らしは想像しやすいけれど、環境が大きく違うとわからないことが多くなる……というイメージです。

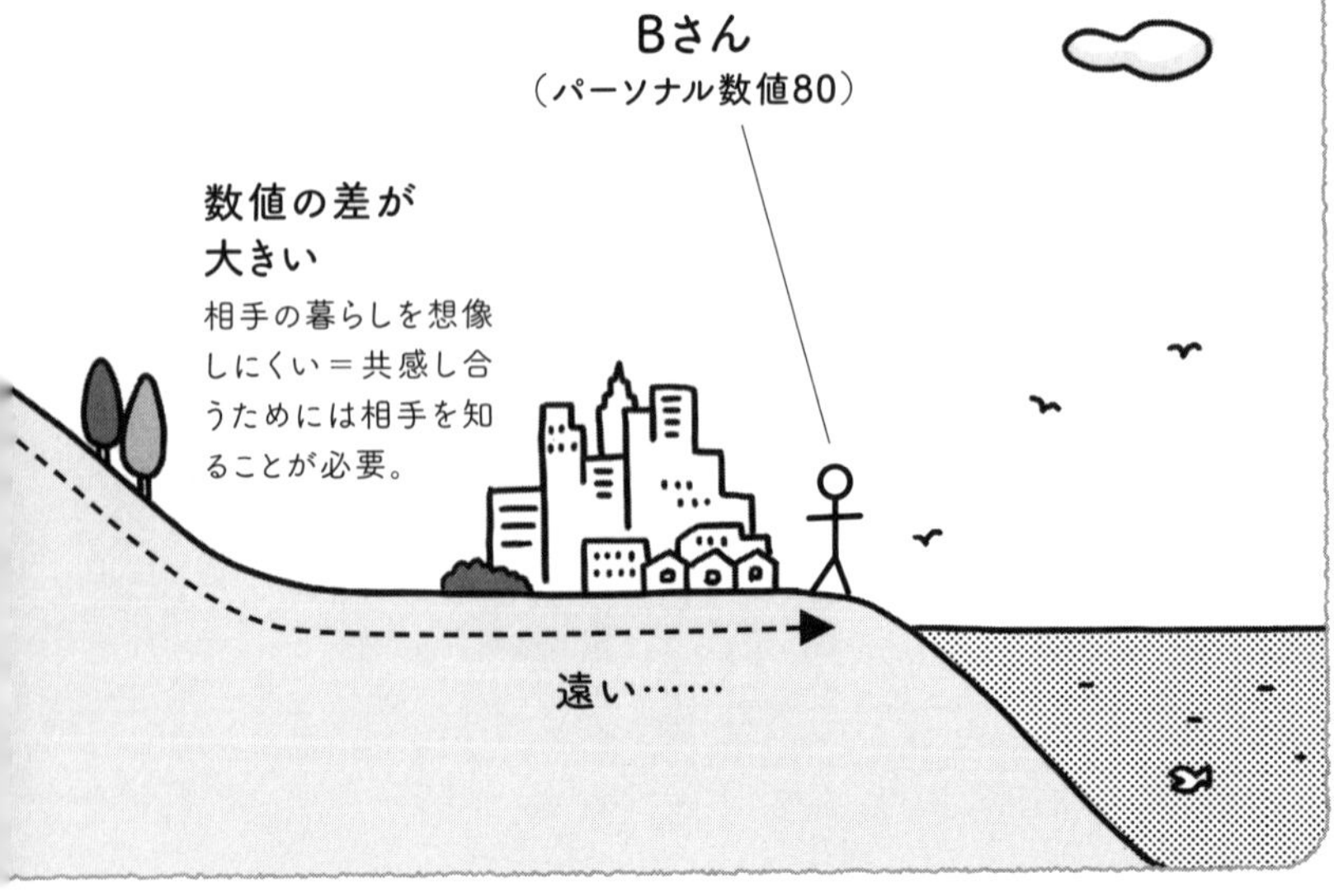

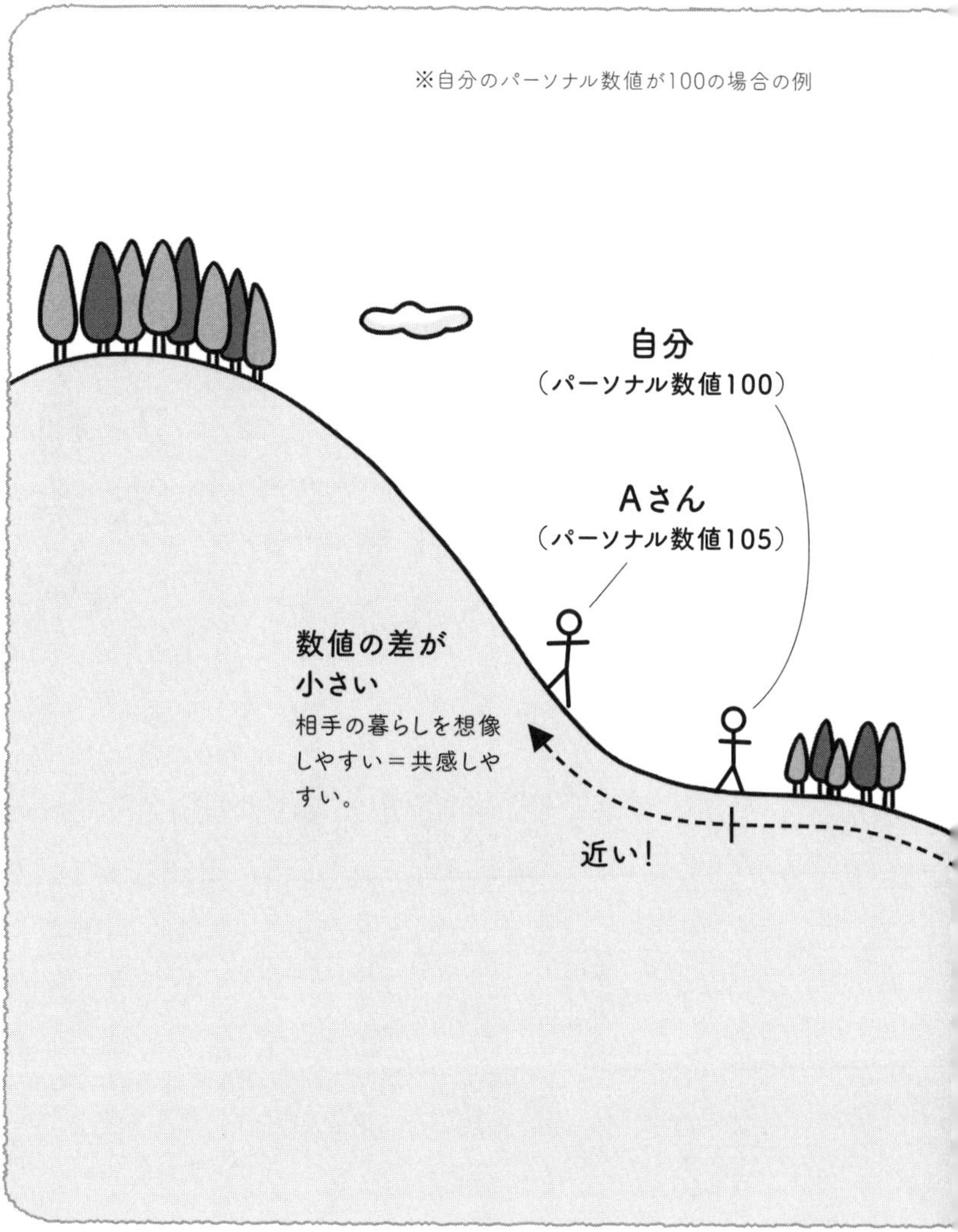
※自分のパーソナル数値が100の場合の例
自分
(パーソナル数値100)
Aさん
(パーソナル数値105)
数値の差が
小さい
相手の暮らしを想像
しやすい＝共感しや
すい。
近い!

文化が違う相手と仲よくなる方法

自分と似た文化をもつ（＝パーソナル数値が近い）相手とは共感しやすく、友達になりやすい。では、自分とまったく違う文化をもつ相手（＝パーソナル数値の差が大きい）とは仲よくなれないのか？　といえば、そんなことはありません。ただし、パーソナル数値の差が大きい相手の場合、会った瞬間から相性のよさを感じて自然に仲よくなる……といったケースはあまりないでしょう。

文化が違うと、同じものを見たり同じ体験をしたりしても、見え方や感じ方、起こったことへの対処法が違ってきます。

たとえば、あなたとの待ち合わせに、Aさんが遅刻してきたとします。あなたを10分以上待たせたAさんは、平然とした顔で「電車が遅れちゃってさ」。あなたは、Aさんの態度にカチンときます。

ではなぜ、あなたは不快に感じたのでしょう？

遅れてきたくせに謝らないから。

遅れたのは自分のせいではない、と開き直っているから。

つまりAさんの言動は、あなたにとって「常識外れ」だったわけです。でも、ちょっと考えてみてください。「たとえ自分のせいではなくても、遅刻したら謝るべき」という考え方は、絶対に正しいものなのでしょうか？

実はあなたが思う「正しいこと」は、「あなたが属する文化」の中での価値観にすぎません。あなたがAさんにカチンときたのは、「他人も自分と同じ」という思い込みがあるから。でも、文化が違えば、正しさや常識だってかわってくるのです。

相手との違いを受け止め、異文化に興味をもつ

他人と接するときは常に、「自分とは違う人間だ」ということを忘れずに。**この人と自分は違う文化に属していて、ものの感じ方や考え方、常識など、あらゆることが違うのだ……。**そう思っていると、遅刻したAさんに、怒りより興味を覚えるように

なるはず。「謝らないなんて信じられない！」ではなく、「遅刻したのに、どうして謝らないのかな？」と思うようになるのです。

興味がわいてくると、Ａさんを観察するようになります。すると少しずつ、Ａさんの文化がわかってきます。そして、相手の行動の理由やものの考え方が見えてくると、共感できることも増えてきます。

このとき注意したいのが、相手をかえようとしないこと。「Ａさんの考え方は間違っているから、正しいほうへ導いてあげなくちゃ！」などと思うのは、自分と他人の違いを認識できていない証拠です。

自分とは違う文化に興味をもち、知ろうとすること。自分の文化との違いを含め、すべてをそのまま認めること。こうした姿勢で向き合えば、パーソナル数値が大きく違う人とでも友達になることができます。

自分とは違う文化をもつ相手と仲よくなるコツは相手の文化に興味をもち、知ろうとすること。

Column

相手とのつながりをつくる
イエスセット

他人との距離を縮めるためには、無意識でつながるのが一番。そのために役立つのが「イエスセット」です（下参照）。

問いかけに「イエス」と答えるとき、私たちは「この人は私のことをわかってくれたんだ」と感じます。自分を理解し、共感してくれる相手＝自分にとって必要な相手。だから、「イエス」と答えるたびに、質問してきた相手との信頼関係がほんの少しずつ強まっていくのです。

イエスセットとは？ 相手に3回続けて「イエス」と答えさせる質問をする。「イエス」と言わせることに意味があるので質問の内容はなんでもよい。

case study 1　こんな私だから本当の友達がいないの？

軽いつき合いの友達はいるけれど本音で話せる人がいません

ひとりで抱え込んでいるのが苦しいことや、自分で考えても解決策が見つからないことについては、だれかに相談したくなるものです。では、だれに？

一般的には、「同じ悩みをもつ人」に話すとよい、などと言われます。同じことで悩んだり苦しんだりしていればつらさを共有することができるし、親身になってアドバイスをしてくれるはずだから、です。

でも実は、同じ悩みをもつ「仲間」への悩み相談は、うまくいくとは限りません。共通点があることが裏目に出て、お互いに「あなたより私のほうがつらい！」という思いが生まれてしまうことがあるからです。

たとえば、「頑張っているのに営業成績が上がらない」という相談をした場合。「仕事の成績が今ひとつ」という部分には共感し合うことができるかもしれません。でも、

「そうそう、私も」という同意の後に、こんな言葉が続くことも多いのです。

でも、あなたはまだいいよ。だって、上司がやさしい人じゃない。

でも、私より恵まれてるよ。あなたの会社はお給料がいいもんね。

悩みを共有して励まし合うはずが、これではかえって傷つけられてしまいます。

こうしたことが起こるのは、**相手があなたに対して嫉妬の発作**（57ページ）**を起こすから。**そしてあなたは無意識のレベルで、相手から嫉妬されるかもしれないな、と察しています。そのため、「この人には本音を話せない」と感じるのです。

本音が言えないのは、共感できないだろうと感じるから

「悩みの相談」というほど深刻なことでなくても、本音で話せないもどかしさを感じることはあります。ちょっとした雑談の中でも、みんなが同意していることに自分は違和感を覚えてしまったり、何気なく口にしたひと言を批判や悪口のように受け止められてしまったり……。

もちろん、自分と関わるすべての人に本音をさらけ出す必要はありません。でも、

あれこれ気をつかわず本音で話せる場がどこにもないのはつらいものです。反対に言えば、本音で接することができる友達がひとりでもいれば、ストレスは大幅に解消されるのです。

本音が言えないのは、相手からの嫉妬が予想され、共感し合うことができないだろう、と感じているから。ほとんどの場合、その感覚は正解です。

今、本音を言える友達がいないと思うのは、おそらく身近な人とあなたのパーソナル数値に開きがあるせいです。今のあなたは、異質なコミュニティの中でとまどっている「みにくいアヒルの子」のような状態なのです。

共感できる相手には、自然に本音が言える

まずは身近な人のパーソナル数値を、自分の心に尋ね直してみましょう。その人たちとあなたの数値にある程度の差がある場合は、今の「友達」以外の人のパーソナル数値も出してみます。その中に、あなたと近い数値をもつ人はいませんか？

今の「友達」とあなたの数値が近い場合は、自分のパーソナル数値を再確認してみ

てください。自分自身の数値の見積もりを誤っている場合も少なくないからです。**自分に近い数値をもつ人がどこにも見当たらない、という場合は、自分より大きい数値をもつ相手に目を向けてみてください。**パーソナル数値を出す際、相手への尊敬があると、数値が大きめになる傾向があります。友情のベースは、お互いへの尊敬。つまり、あなたが尊敬している相手とは、友達になれる確率が高いのです。

「みにくいアヒルの子」は、勇気を出して自分から白鳥の群れに近づき、受け入れてもらうことができました。自分が白鳥であることに気づかなかった「みにくいアヒルの子」は、自分のパーソナル数値を低く見積もってしまっている人と同じです。数値の違いはいったん忘れ、尊敬できる相手、話してみたいと思う相手に自分から近づいてみてください。パーソナル数値が近く、似た文化をもつ相手には、自然に本音が言えるもの。気分よく会話ができる場が、あなたの本当の居場所です。

本音が言えないのは、あなたが異文化の中にいるせい。パーソナル数値を見直すなどして、本当の居場所を探して。

case study2　こんな私だから本当の友達がいないの?

断られるのがこわくて自分から人を誘えません

やってみなければわからないのに、「どうせ無理」と決めつけてしまい、行動に移せない……。こうしたことは、おもに自己肯定感が低いために起こります。

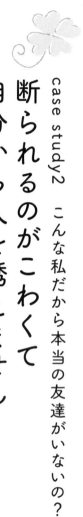

「できたこと」より「できなかったこと」に注目されて叱られたり、自分を否定されるようなことを言われたりする経験を重ねると、いつの間にか「自分はダメな人間だ」と思うようになってしまいます。そして自己肯定感が下がったせいで必要以上に自分にダメ出しをし、「ほーら、やっぱり私はダメなんだ」「私には能力がないから、努力したってムダだ」などと自己否定を重ねるようになってしまいます。

やればできるかもしれないのに、チャレンジする気力さえ出せなくなる状態を、「学習性無力感」といいます。学習性無力感は、友達との関係にも影響を及ぼします。「Aさんと食事に行きたいな」と思っても、すぐに「私と食事をしても、Aさんは楽しくないに決まってる」「Aさんは人気者だから、他の人との約束がたくさんあって忙しいだろう」といった考えが頭にチラつき、誘う勇気を出せなくなってしまうのです。

誘う・誘われるに違和感があるなら……

人を誘ったり誘われたりすることができても、相手との関係に違和感を覚えることもあります。あなたは誘うのに相手からは誘われなかったり、会えば楽しいけれど、誘われた瞬間にチラリと面倒くささを感じたり……。

「自分からは誘わない相手」は、あなたに嫉妬している可能性があります。「自分からは何もしない」ことも、一種の攻撃だからです（49ページ）。また、誘われたときに不快感を覚えるのは、その人に嫉妬され、攻撃されることを予測しているからです。

自分のモヤモヤ感を抑え、「相手がこうしてほしいだろうから」などと考えて期待に応えようとするのは、対等な関係とはいえません。ふたりが友達であれば、誘うことも誘われることも楽しいはず。「私から誘ってばかりなんてヘン」「ちょっと面倒だけど仕方ないか」などと、わだかまりを感じることもないのです。

本当に誘ってみたい相手とは、いつか自然につながれる

「誘ってみたい」と思う人は、未来の友達候補です。その人に興味をもち、脳がつながったときに好印象をもったということは、相手もあなたに対して同様の気持ちを感じているということだからです。

そういう相手は、無理に誘わなくても大丈夫。つながり続けていれば、いつかよいタイミングが巡ってきます。あなたから自然に声をかけられるかもしれないし、相手から誘われるかもしれません。大勢の人が集まる場などで、ふたりで話す機会に恵まれるかもしれません。誘いたいのに勇気が足りない！　という場合は、「いつか誘いたい」と思っていれば十分。焦って行動しなくても、心からの願いは必ず実現します。

誘えないなら、無理をしなくて大丈夫。友達になれる相手なら、自然にチャンスが巡ってくる。

Column

「行動しない」攻撃法
受動攻撃

私たちは嫉妬の発作（57ページ）を起こすと、相手を攻撃してしまいます。「攻撃」というと、自分から積極的に何かをしかけるイメージがありますが、実は「あえて何もしない」攻撃法もあります。これを「受動攻撃」といいます。

「連絡するから！」と言っておいて連絡をよこさない。

頼んでおいたことを忘れる。

された側はいやな思いをしますが、表立って攻撃してきたわけではないので、最終的に「私の気のせい？」「私が悪いの？」なんて思わされてしまうことも多いのです。

受動攻撃を受けているな、と感じたときは、自分を責めないこと。弱気にならず、「この人、私に嫉妬しているな」と思いましょう。それだけで、攻撃がおさまることもあります。

case study3　こんな私だから本当の友達がいないの？

少し親しくなると、相手のいやなところばかり目についてしまいます

職場やママ友、趣味のグループなど、不特定多数の人が集まる場では、「心から信頼できる友達を探そう！」などと考える人は少ないでしょう。それよりも、「早く打ちとけられる相手を見つけたい」と思うもの。そのため、お互いをじっくり見極める前に「なんとなく親しくなる」ことが珍しくありません。

積極的に話しかけてきてくれたから。

気さくで話しやすかったから。

こんなきっかけで親しくなると、時間がたつうちに、第一印象とは異なる面が見えてくるのが普通です。そして、後から出てくる面が自分の予想や期待と違っていると、「こんな人だと思わなかった」などと感じることになります。

相手のことを知る過程で「あれ？」と思うことが多い場合、その人とはそもそも文

化が違う可能性が大。最初に「友達になれる！」と感じたのは、本当の意味での尊敬や好意ではなく、「ひとりでいるのはいやだから」「とりあえずだれかとつながっていたいから」などが動機だったのではないでしょうか。まずは心を落ち着けて、相手のパーソナル数値を心に尋ねてみましょう。

パーソナル数値で、自分との違いを知る

自分と相手のパーソナル数値に開きがあっても、がっかりする必要はありません。数値の差は、相手と自分にどれぐらいの違いがあるかに気づくための目安です。文化が近い（＝数値の差が小さい）と親しくなりやすいのは事実ですが、だからといって「近くなければ親しくなれない」ということにはならないのです。

パーソナル数値の違いに気づいたら、まずはお互いの違いを認めることが大切。そのうえで、相手のことを知る努力をしましょう。

グループでのおつき合いの場合、自分だけ文化が違うと居心地の悪さを感じるかもしれません。他の人からの、「みんな同じであるべき」という同調圧力がつらいこと

もあるでしょう。でも、「このグループになじみたいから」と自分をかえようとしたり、反対に他の人たちをかえようとしたりするのは逆効果です。

お互いの「違い」を認め合うことも「共感」

共感し合い、友達になるということは、同じ価値観をもつということではありません。他人と自分は、別の人間。あらゆる面で違うのがあたりまえです。

仮にパーソナル数値が近く、似た文化に属しているとしても、「自分にそっくりな人」というわけではありません。ものの考え方や受け止め方の違いが比較的小さく、感覚的に共有できることがあるため、「わざわざ説明しなくてもわかる」「なんとなく伝わる」ことが多い、というだけです。

友達に対する不快感の原因は、自分との「違い」そのものではありません。イライラやモヤモヤが生じるのは、**お互いの違いに気づかなかったり、気づいても相手を知ろうとする気持ちがなかったりするせい**です。

他人も自分と同じだと思っていると、自分の正しさや常識、価値観などを疑いません。そして、その感覚を人に押しつけようとするから、周りとかみ合わなくなり、違和感が出てくるのです。

最初は「いい人」だと思った相手のいやなところが目につくようになるのは、相手の態度がかわったからではありません。あなたが相手を少し冷静に見られるようになり、自分との違いに気づいただけです。

友達同士だからといって、価値観やものの感じ方が同じである必要はありません。だから、まずは相手を知ろうとしてみてください。相手がどんな風に考え、どんな行動をとるのか。そんなことがわかってくると、自然に共感できるようになってきます。

共感とは、「相手と同じように感じる」ことだけを指すのではありません。「私はこう思うけれど、あなたはそう思うんだね」と、違いを認めたうえで、互いに思いを認め合うことも「共感」です。

相手へのモヤモヤは、自分との違いに気づいた証拠。
お互いの違いを認め、相手を知ろうとすること。

case study4　こんな私だから本当の友達がいないの？

グループ内で、いつも面倒なことを押しつけられているような気が……

ほぼ決まったメンバーで構成されるグループ内では、上下関係ができてしまっていることが珍しくありません。表面上は親しくつき合い、お互いに「よい友達」だと思っていたとしても、無意識のレベルでは支配する側とされる側になっていることがあるのです。

人は、「自分にはない優れたもの」をもつ相手に嫉妬しがちです。この場合の「嫉妬」とは、いわゆる「やきもち」ではなく、相手を妬み、こわしてやりたい、と思うような強い感情のことです。

だれかがあなたに対して不快な言動をしたり、理不尽ないやがらせをしたり……。そういったことは**ほぼすべて、嫉妬が原因。**グループ内で「マウンティング」が行われ、上下関係ができてしまうのも嫉妬のせいです。

また、上下関係は、「マウンティングを避けるため」に成立していることもあります。面倒なことを、あなたがいつも自分から引き受けているとします。そして「私ばかり損をしている」と感じるのなら、あなたは支配される側になっているということ。「〜をしておいてね」などと露骨に命じられることはなくても、です。

あなたはなぜ、本当はしたくないことを自分から引き受けてしまうのでしょう？それは、周りからの嫉妬を予測しているからです。

嫉妬され、攻撃されるのを防ぐため、あなたは自分から「弱者」を演じているのです。「ほら、私って、みんなのために雑用も喜んでする程度の人間なの。だから、攻撃しても意味がないからね！」とアピールしているわけです。

嫉妬の攻撃を避けたいなら弱者でいるのをやめる

でも実は、弱者を演じてみせるのは、火に油を注ぐような効果しかありません。「自分より下（弱い）のくせに、自分より優れたものをもっている」相手は、嫉妬の対象になるからです。つまり、そもそも優れたものをもっている以上、「弱いふり」「できないふり」をするのは逆効果。かえって相手の嫉妬心を燃え上がらせてしまうのです。嫉妬は動物的な本能であり、一種の「発作」のようなもの。やめようと思っても、理性でやめられるものではありません。だから、「嫉妬して私を攻撃してくるAさんが悪い！」などと言ってみても、解決にはつながりません。

状況をかえるためにできるのは、ただひとつ。自分がかわることだけです。

他人からの嫉妬を防ぐためには、「弱者」でいることをやめるのが一番の近道。弱者でなくなれば、優れたものをもっていても「生意気な！」とは思われません。むしろ、「当然」とみなされるようになるのです。

グループ内で損な役回りを押しつけられていると感じるなら、弱者のふりをやめることです。いやなことはしない。思ったことは言う。本来の自分の姿を見せれば嫉妬される対象ではなくなり、グループ内の人間関係もかわっていくでしょう。

自分ばかり損をするのは、弱者を演じているから。本来の自分に戻れば、周りの態度もかわる。

Column

相手を破壊したくなるほどの強い気持ち
嫉妬の発作

他人をうらやましいと思い、そのせいで相手を憎んだり恨んだりするのが「嫉妬」。「憧れ」はうらやましいな、いいな、などと思うだけなのに対し、嫉妬は相手を破壊したくなるような衝動を伴います。

嫉妬は一種の発作のようなもの。嫉妬を感じると、自分の中で自動的に「破壊的な人格」が目覚め、相手を攻撃してしまうのです。これは動物的な本能なので、理性でコントロールすることはできません。

ただし私たちが嫉妬するのは、自分より「下」と感じる相手だけ。「私より格下のくせに、優れたものをもっている!」などと思ったときに、嫉妬の発作が起こるのです。自分より「上」の人は、「優れたものをもっていて当然」と思えるため、嫉妬の対象にはなりません。

case study5　こんな私だから本当の友達がいないの？

とくに理由はないのに周りから嫌われている気がします

私、グループ内で浮いてるかも？

もしかしたら、みんなは私のことを、あまりよく思っていない？

こんな感覚は、残念ながら気のせいではありません。**でも実際は、あなたは「嫌われている」のではなく、「嫉妬されている」のです。**違和感の正体は嫉妬なのですから、「私って嫌われ者なの!?」などと傷つく必要はありません。

「嫌われているかも」と感じるのは、周りの人の態度が、「自分が嫌いな人に接するときの態度」に似ているからでしょう。

でも、ちょっと落ち着いて考えてみてください。

そもそも嫉妬の発作は、「自分より下」とみなしている相手に対して起こるもの。

自分とくらべて「上」「下」などと思うのは、相手とのパーソナル数値に、それなりの開きがあるからです。パーソナル数値の差は、文化の差。文化が違う以上、「嫌いな人に接するときの態度」だって、同じとは限りません。

「嫌われているかも」と思うと、つい周りの人のご機嫌とりをしたくなります。自分より相手の気持ちを優先して、さまざまなサービスをしてしまいがちなのです。でもご機嫌とりは、支配される側である弱者がすること。弱者を演じてみせることで、ますます周りの嫉妬をあおり、攻撃を受けることになりかねません。

純粋に「相手を知る」ために観察を

こんなときは、気になる人と自分のパーソナル数値を確認し、「違いがある」ということを再認識します。そして、相手をじっくり観察してみましょう。

観察の目的は、純粋に「相手を知る」こと。「よいところ探し」をする必要もなければ、自分とくらべて優劣をつける必要もありません。

フラットな目線で観察を始めた時点で、あなたと相手との間の上下関係はなくなります。そして、あなたが「この人に気に入られよう」「攻撃されないようにしよう」

という弱者の態度をやめることで、周りの嫉妬もおさまっていきます。

主観を排除し、事実だけに目を向けてみる

だれかを観察するときのコツは、「客観的な情報だけに絞り込む」ことです。主観を入れず、事実だけを集めていくのです。

私は学生時代、「机の上に置いた金魚鉢について、わかる情報をすべて書きなさい」という授業を受けたことがあります。情報として認められるのは「事実」だけ。「金魚鉢は透明なガラス製」「赤い金魚が2匹入っている」はOKですが、「金魚鉢がきれい」も「金魚が気持ちよさそうに泳いでいる」も認められません。簡単そうでいて、実はとても難しい観察方法です。

知りたい相手のことは、このときの金魚鉢のように観察します。「背が高い」ではなく、「身長は約165㎝」。「感じの悪い笑い方をする」ではなく、「私が冗談を言ったら、視線をそらし、口元を曲げて笑った」。

これを続けていくと、何が起こるのか？　自分が意識的にしていた判断がとり除か

れることによって、「無意識」が起動するのです。

主観の入った情報を集めると、相手を「ステレオタイプ（27ページ）」にあてはめてしまいがち。自分の描くステレオタイプは異文化には通用しないかも……という大原則を忘れ、「視線をそらし、口元を曲げて笑う→人を見下した態度→感じが悪い人」と決めつけてしまうのです。

でも、事実だけに目を向けるようにすると、相手の本当の気持ちが見えてきます。無意識のレベルでなら、視線をそらすのも、口元を曲げて笑うのも単なる癖で、だれに対しても同じことをしている、と気づくことができるのです。

相手を知り、行動の理由や考え方の傾向などが見えてくると、自分との違いをふまえたうえで、心から共感できるようになります。すると、相手からの嫉妬も消え、仲間としての一体感も感じられるようになるのです。

「嫌われている」と感じるのは、周りから嫉妬されているせい。相手をじっくり観察すると共感できるようになる。

Column

無意識を起動させて相手を知る
気になる人の観察日記

この人のことを知りたい！　と思ったら、「観察日記」を書いてみるのがおすすめです。ただし日記に書いてよいのは、客観的な情報だけです。

観察日記は、相手の「よいところ探し」をするためのものではありません。あなたが見て、聞いて、わかった「事実」だけを集めていくことで、相手の文化を知ることが目的です。

主観をまじえずに書こうとすると、自分の「思い込み」や「決めつけ」に気づくことができます。そして、相手に関する事実にしっかり目を向けることで、その人の本当の姿も見えてくるのです。

書き方の例

×笑い声がうるさい	○「ギャハハ」と高い声で笑う
×電話が長い	○Aさんと25分話していた
×ネイルが派手	○ネイルは水色にシルバーのドット柄

第2章

「本当の友達」って、
だれ？

「目的別」の友達づき合いがあっていい

職場で親しくしているのは、同じ部署の同僚。毎日のように一緒にランチに行き、ときには会社帰りにショッピングをしたり、飲みに行ったり。

地域で親しくしているのは、子どもが通う保育園のママ友。送り迎えのときに顔を合わせればおしゃべりをするし、数家族で一緒に出かけたこともある。

多くの人は、生活の中で複数のコミュニティに属しています。そして、それぞれの場で人づき合いが必要になります。

でもこうしたコミュニティは、「会社」「子育て」「趣味」「地域の活動」など、共通の目的のために生まれたもの。自分にぴったりの友達を見つけたい！　と思っても、そもそも母数が限られているし、そこに関わっている人のタイプや暮らしぶりなども偏っていることが少なくありません。

また、「仕事のため」「子どものため」といった目的が最優先されるため、「友達になれそうな人がいないから、もういいや」と抜けるわけにもいきません。その場にいなければならない以上、ひとりぼっちはつらいもの。だから、一緒にいられる相手を求めることになります。

ひとりになるのはいやだからつき合っているけれど、実は一緒にいてもそれほど楽しくなかったり、本音で話すことができなかったり。こうした相手は、果たして「友達」といえるのでしょうか？

目的別のおつき合いは、「利用し合う関係」ではない

職場でのおつき合いは、毎日の仕事をスムーズに進めるため。

ママ友とのおつき合いは、子ども同士の友達づくりや情報交換のため。

友達がほしい、と思っていると、まずは目的ありき、という人づき合いに疑問を感じることもあるかもしれません。

親しくしている人たちは、「尊敬できるから」「共感できるから」という理由で選ん

だ相手ではない。だから、友達とはいえないのでは？　お互いに、目的のために利用し合うだけの関係なのでは……？

でも結論から言えば、「目的ありき」のおつき合いはアリ、だと思います。目的はあくまで、その人と知り合う「とっかかり」。**新しい友達候補を知るための入り口に過ぎないからです。**

おつき合いのある人はみんな友達！　と考えてみる

仮に、偶然出会った人と「友達になりたい！」とピンと来たとしても、初対面の相手にいきなり話しかけ、親しくなれる人は多くないはずです。ほとんどの場合、話しかけるためには何か「とっかかり」が必要。「仕事」「子育て」といった共通の目的は、よい「とっかかり」になるのです。

まずは相手との距離を縮め、その人を知ってみましょう。そのうえで、あまり共感し合える相手ではないな、と感じるなら、「目的のためのおつき合い」と割り切ればいい。でも運がよければ、相手を知るうちに共感できるようになり、本当の友達になっていけるかもしれません。

目的別に友達をもつことに違和感を覚えるのは、自分のすべてをさらけ出したり、プライベートな話をしたりすることができるのが「友達」と感じているからではないでしょうか。友達の定義は人それぞれですが、「日常的におつき合いをする人は、みんな友達!」とユルく考えてみると、人づき合いが楽になることがあります。

この場合、相手はあなたを友達と思っているのか? なんてことは気にしなくて構いません。あなたが「友達」と認めた瞬間から、その人はあなたの友達です。

ただし、「友達」になったからといって、すべての人があなたを理解し、共感してくれるわけではありません。共感を求めるなら、自分に近い文化をもつ相手を選ぶのが正解。相手との文化の違いを意識しながら、友達としての距離感を考えていけばよいのではないでしょうか。


人づき合いの「目的」は、相手を知るためのとっかかり。まずは目的のために友達になり、それから相手を知る。

「友達」とは、秘密を守り合える関係のこと

たとえずっと会っていなくても、相手のことを思い浮かべたときに温かい気持ちになれるようなら、その人はあなたの友達です。「いつでも脳でつながれる」関係は、それなりにお互いのことを知っている場合に成り立ちます。

相手のことをよく知らなくても、思い浮かべたときによいイメージが伴うなら、その人はあなたの友達候補。今はまだ顔見知り程度だとしても、いつかきっとつながれる、未来の友達です。こうした相手とはパーソナル数値が近く、似た文化に属していることが多いもの。あまり時間をかけずに共感し合えるようになり、深くつき合える友達になる可能性が高いといえます。

顔を合わせる機会は多いけれど、仕事や子育てなどのためにつき合っている相手は、目的別の友達。お互いを必要としているし、共通の目的のためにうまく関わっていく

 こともできます。ただし、共感し合えるとは限らないため、本音で話し合うような関係には発展しないこともあります。

本音でつき合える＝信頼できる人

「日常的におつき合いをする人は、みんな友達！」と考えた場合、相手によってつき合いの「深さ」がかわってくるはずです。深いおつき合いができる、つまり本音を言える友達であるかどうかを見極めるポイントはなんなのでしょう？

私の場合、それは「信頼し合えること」だと思っています。具体的に言えば、**お互いに相手の秘密を守れること**、です。

人の本音や素の姿は、だれにでも受け入れてもらえるようなものとは限りません。言いたいことを正直に言ったら白い目で見られた！　とか、悩みを相談したらドン引きされちゃった！　なんてことも起こり得るため、私たちは「すべての人に本音で接する」などという冒険を避けているのです。

つまり私たちは、本音や素の姿をさらす相手を慎重に選んでいるということ。このとき、相手選びのポイントとなるのが「信頼感」なのではないでしょうか。

この人ならわかってくれる、と共感を求める気持ちに加え、この人なら私が話したことを自分の胸に納めておいてくれる、と信じることができなければ、自分の「秘密」ともいえる本音を話すことなどできないはずです。

相手の秘密を守り、相手も秘密を守る、と信じる

秘密を守れるかどうかは、その人に「基本的な信頼感」が備わっているかどうかで決まります。基本的な信頼感があれば、まず、他人を信じることができます。「この人は、私が話したことを秘密にしておいてくれるだろう」と思えるのです。

そして、相手が秘密を守ってくれるのだから、自分もその人の秘密を守らなければ！　と考えます。こうして、自分と友達との間に「お互いに秘密を守り合う関係」をつくることができるのです。

そして、相手が自分のためにしっかりと秘密を守ってくれた、という経験を重ねることで、ふたりの間の信頼感はますます深まっていきます。

反対に、基本的な信頼感がないとどうなるのでしょう？

他人の秘密を守らなければ、という状況になると、なぜか相手を疑う気持ちが頭をもたげます。「私はもちろん、Aさんの秘密を守る。でもAさんは私の秘密を守ってくれないのでは？」などと思ってしまうのです。

そして、「どうせAさんは秘密を守らないに決まってる。それなら、私が先に言っちゃおう！」と、Aさんの秘密を暴露してしまう。これでは信頼関係を築けないどころか、友達としてつき合うことさえ難しくなってしまいます。

友達を求めているなら、まずは相手の秘密を守ること。そして、相手も自分の秘密を守ってくれると信じること。

「秘密保持」こそ、信頼のベースです。そして、お互いへの信頼感があってこそ、友情が生まれるのです。


「秘密を守り合う関係」を築くことで他人との信頼感が深まっていく。

「友達」「家族」「恋人」は愛情の種類が違う

恋人や夫はいるのに、友達がつくれない。

家族とはうまくつき合っているのに、友達づき合いがうまくいかない。

それなりにモテるから恋人はできるし、家族ともよい関係を築けているのだから、人づき合いが極端に苦手、というわけでもないはず。それなのにどうして、私には友達ができないの……?

その理由は、意外に簡単です。**「恋人や夫」「家族」「友達」という自分との関係性によって、愛情の種類もかわるからです。**

恋人や夫とは、「ギブアンドテイク」。お互いに「何かを与え合う」ことが愛情のベースとなる関係です。

家族、おもに親から子へは、「自己犠牲愛」。自分より子どもの思いや利益を優先することがある関係です。

そして、友達とは「守り合う愛」。共感や信頼をベースに、「相手のために秘密などを守る」ことができる関係です。

恋人や家族とはうまくつき合えるけれど友達ができない……という人は、「守り合う愛」を与えたり受けとったりすることが苦手、ということになります。

恋愛関係は「愛情ホルモン」がサポートしてくれる

恋人と友達の大きな違いは、「愛情ホルモン」が出るかどうかにも関わっています。愛情ホルモンとは、オキシトシン（16ページ）のこと。他人との信頼関係を築くために欠かせないものです。

実は、恋をすることとオキシトシンの間には深い関係があります。素敵な人だな、と恋をして、おつき合いをするようになり、ハグやキスをする……。すると、オキシトシンの分泌量が増えることがわかっているのです。

オキシトシンが増えれば、他人を信頼したり、他人からの信頼に応えたりしやすくなります。その結果、恋人との関係も深めていきやすくなるのです。

でも、恋愛感情のない友達と一緒に過ごしても、オキシトシンの分泌量は増えません。「愛情ホルモン」の力を借りられないため、「うっとりしているうちに、気がついたら仲よくなっていた！」なんてことは起こりにくいわけです。

友情とは何か？　を見直してみる

友達がほしいのにできない！　という場合、自分が友達に求めている愛情を見直してみてもよいかもしれません。意外に多いのが、本来は恋人や家族に求めるべき愛情を、友達に期待しているケースです。

また、私たちは身の周りにあふれる情報に影響され、友情に関しても、現実とはずれた「ステレオタイプ（27ページ）」をつくり上げてしまっていることもあります。たとえばドラマや映画、小説などには、さまざまな愛情の形が描かれます。もちろん、そのほとんどは幻想です。

「男女の愛はギブアンドテイク」とはいっても、恋人のキラキラした笑顔をテイクするためだけに、毎回豪華なデートをギブする人は少ないはず。

「親の愛は自己犠牲愛」とはいっても、子どもが犯した罪をかぶって自首するような親は、現実にはほとんどいないでしょう。

でも、私たちは、現実にはありえないことだとわかっていても、美しくつくり上げられたイメージを心にとめてしまいがちなのです。

友情についても、同じことがいえます。友達だったら、恋人にふられた私と一緒に泣いてくれるはず！　私がつらいときはひたすらやさしくしてくれるはず！

こんな「友達像」にあてはまる人が身近にいないからといって、友達がいない！と嘆くのは勘違いです。

友情とは、お互いを信頼し、守り合うこと。「友情」に関するイメージのズレを修正し、原点に帰ることで、実は友達がいた！　なんて発見もあるかもしれません。


自分との関係性によって、愛情の形も違う。友達に、間違った種類の愛情を求めていないか？

「会えない」ことで終わる友情はない

大人になると、どうしても自由に使える時間が減ってきます。さらに、就職や結婚、出産、子育てといった環境の変化によって、暮らしぶりにも違いが出てくるものです。親しくしていた友達と会う回数も減り、いつの間にか連絡も途絶えてしまった……なんてことも珍しくないでしょう。

でも、会えないからといって友達でなくなるわけではありません。**友達とのつながりは、会う回数に比例するものではないのです。**

忙しい生活を送っていても、友達のことがふと頭に浮かび、どうしているかな、たまには会いたいな、などと思うことがありませんか？　こんなとき、どんなに離れていても、ふたりの脳はつながっています。

脳がつながっているときにあなたが感じることは、相手がリアルタイムで感じていること。あなたが「Aさんに会いたい」と思ったのなら、相手もあなたに会いたいと思っているのです。

こんなときは、たとえ何十年の空白があっても大丈夫。連絡すれば、相手はとても喜ぶはずです。それどころか、「Aさんにメールしてみようかな」などと考えているうちに、Aさんのほうから連絡してくる、ということだってあるでしょう。

「会いたいけど面倒」なのは、相手の嫉妬が原因

でも、「Aさんに会いたい」とは思ったけれど、なぜか連絡するのをためらってしまうこともあるはず。急に誘ったら迷惑なんじゃないか、今さら私に会っても楽しくないんじゃないか……。そんな思いが浮かんでくるときは、何らかの理由があります。あなたの脳がつながっているのは、現在のAさんです。今のAさんと記憶の中のAさんに違いがあるから、違和感を覚えるのです。

多くの場合、**その原因は相手の嫉妬**です。時間がたてば、自分も人もかわっていきます。以前は対等な友達として楽しめたけれど、今はどちらかが相手に嫉妬するよう

になってしまっている……ということはよくあります。

今のAさんの脳とつながると、「実際に会ったら、嫉妬の攻撃を受けるだろうな」と予測できてしまいます。だから、「よし、連絡しよう！」と思えないのです。忙しいかも、などと理由をこじつけるのは、自分にブレーキをかけるためです。

「とてもよい友達」として記憶している相手でも、会ったり連絡したりすることを少しでも面倒だと感じるなら、それは相手があなたに嫉妬しているサインです。実際に会って残念な思いをするより、しばらくは頭の中でつながるだけの関係を続けたほうがよいかもしれません。

時間とともに記憶が美化されることもある

反対に、今、思い浮かべたときのイメージが、以前よりよくなっていることもあります。たとえば、以前はあまり好きになれなかったBさんなのに、今思い浮かべると、なぜか温かい気持ちになる、といったような場合です。

これは、あなたの中でBさんの記憶が美化された、ということです。

「記憶の美化」といっても、自分にとって都合よく事実をつくりかえているわけではありません。記憶の中のできごとには、あなたの主観が入っています。でも時間がたつほど、意識的に加えた判断は薄れていきます。つまり、**事実を無意識で見ることができるようになる**わけです。

無意識が起動されることによって、意識的な判断に邪魔されて見えなかった本質が見えてきます。当時はBさんのぶっきらぼうな口調が気になって「きつい人」だと思っていたけれど、「ものの言い方がぶっきらぼう＝性格がきつい」という主観がとり除かれるとBさんのやさしさが見えてきた……などということが起こるのです。

脳がつながったときの印象がよい方向にかわった場合、「いやいや、Bさんは意地悪な人だったはず！」などと打ち消す必要はありません。記憶が美化された後の姿が、今のBさんだからです。

長いブランクがあっても、友達とはいつでもつながれる。でも、会うのを面倒に感じるときは要注意。

case study6　こんな私が求める本当の友達は……

友達には、ありのままの私を受け入れてほしい！

遠慮せずに言いたいことを言い合える。お互いの言動を批判的な目で見ることがない。価値観が合って、一緒に過ごすのはいつでも楽しい。

こんな友達がいたら、最高でしょう。でもこうした関係は、だれとでもつくれるものではありません。また、出会った瞬間から成り立つものでもありません。

他人の「ありのまま」の姿を受け入れるためには、共感できることが必要です。さらに相手への信頼がなければ、自分の「素」をさらすことは難しいはず。そして多くの場合、互いへの共感や信頼は、相手を知ったうえで生まれるものです。

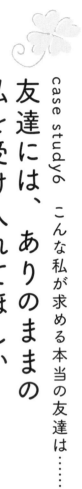

パーソナル数値が近ければ「共感しやすい」傾向がありますが、だからといって、出会ってすぐに心の底からわかり合えるとは限りません。

パーソナル数値にある程度の差がある場合は、そもそも共感するのが難しいということ。文化の違いを乗り越えて信頼関係を築くためには、お互いをよく知るための時間が必要になります。

つまり、**「ありのままの私を受け入れてくれる友達」は、出会うのではなく、つくるもの、といえます。**会った瞬間、ビビビッ！　ときて、お互いのすべてを受け入れられる……なんて相手は、まずいないのです。

深く通じ合える友達がいるかどうか、心に聞いてみる

通じ合える友達を求めているなら、「私を受け入れてくれる人はだれ？」と自分の心に尋ねてみましょう。そのとき、**よいイメージを伴って浮かんでくる人はいませんか？**　もしいるなら、その人はあなたとよい友達になれるかも。相手のことをもう少しよく知ることで、共感や信頼感が生まれる可能性があります。

ピンと来る人がだれもいない！　という場合は、質問のしかたをかえて、もう一度確認を。「私を受け入れてくれる人はだれ？」ではなく、「私を受け入れてくれる人はいないよね？」と聞いてみましょう。

心にはあまのじゃくな一面があります（115ページ）。だから、「いる？」と聞くと「いない！」と返すけれど、「いないよね？」と最初から「いない設定」で聞くと、「いやいや、いるから！」と答えを出すことがあるのです。

「こんな人がいたらいいな」と思う相手は未来に存在する

質問のしかたをかえて尋ねても、だれも思い浮かばない……という人もいるでしょう。でも、がっかりしなくて大丈夫。質問に対して答えが出てこないのは、「今、身近にはいない」ということに過ぎません。つまり、あなたと深く通じ合う友達になれる相手は、これから出会う人の中にいる、ということです。

「今もいないし、これからも出会わないかもしれないじゃない！」などと悲観する必要はありません。「すべてを受け入れてくれるような友達がほしいな」と感じた時点で、あなたにはそれに見合う相手が存在する、ということだからです。

今、すでに存在しているなら、心に尋ねたときにピンと来ます。でも、「今は存在を認識していないけれど、将来的に現れる」という場合は、「こういう人に会えるといいな」などと、ぼんやりと感じるだけ。それがどこのだれで、どんな人なのか、実際に出会うまではわからないのです。

私たちの脳は、未来ともつながっています。だから、現在と過去だけでなく、実はこれから起こることも知っているのです。ではなぜ、未来に関しては具体的な情報がわからないのか? といえば、あらかじめ結果を知っていると、未来がかわってしまうことがあるからです。

たとえば大事な試験を受けるとき。「合格する」と知っていたら、勉強に身が入らないはず。その結果、得点が足りずに不合格……ということも起こりかねません。

今、できることは、「こんな友達ができたらいいな」と期待して待つこと。「友達候補は絶対に見逃さない!」などと力むのは逆効果です。いつか必ず現れることを信じて、楽しい気持ちで毎日を過ごしましょう。

深く通じ合える友達がほしいと思うのなら、たとえ今はいなくても、将来的に現れる。

case study7　こんな私が求める本当の友達は……

友達とは、同じ意見や価値観をもっていたい！

職場の同僚とランチに行くことになりました。ガッツリ食べたいAさんはトンカツ屋さん。おしゃれな店でくつろぎたいBさんは人気のパスタ店。体調管理に気を配っているあなたは定食屋さん。

ランチのお店選びなんて、毎日のようにしている単純なこと。でも、この程度のことにも、それぞれの好みや、何に価値をおくのかが表れます。

こういった場合、現実的な解決策はふたつ。ふたりがちょっと譲ってだれかの意見に従うか、3人の最大公約数的な第4の候補を探す、ということでしょう。

でも、「自分と同じ価値観をもつ友達がいない」と悩んでいるあなたは、「食事は栄養バランスが大切なんだから、定食しかないよね？　私は、高カロリー&高糖質のカツ丼もパスタも食べたくない！」と言っているようなものです。

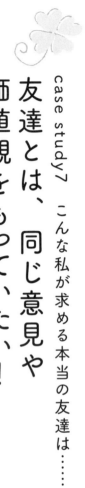

もちろんあなたは、理由もなくふたりの意見を否定しているわけではありません。野菜もとれて脂質が少なく、ごはんの量だって調節できる定食が「体によい」と知っているから、AさんやBさんに対して、「どうしてバランスよく食べる大切さがわからないの？」と思ってしまうのです。

こんなあなたは「同じ価値観をもつ人がいなくてさびしい」と感じています。でも、AさんやBさんからは、どう見えるでしょう？　もしかしたら、「自分の価値観にこだわって、周りに合わせようとしない人」と思われているかもしれません。

他人を認められないのは、「自分大好き」だからではない

自分はかかわろうとせずに「自分に合う人がいない」と悩むような場合、「私は素晴らしい存在であり、そんな私と価値観がつり合う人なんていない」といった思いがベースにある……とされるのが一般的です。ひと言でいうと、「自分大好きな人」とみなされるわけです。

でも私は、本当の理由は、もう少し深い部分にあると思っています。他人の価値観

を受け入れられないのは、**実は自己否定の反動であることが多い**のです。

つまり、「私がすごすぎるから」ではなく、「私がダメダメだから」他人を否定してしまうのです。

自己肯定感を上げれば、他人の価値観も認められるように

「私はダメな人間だ」といった思いが強い人は、自分で自分を認めることが苦手です。だから、本当は人並み以上にできることも「ぜんぜんできない」と思うし、人からほめられることがあっても、その評価を素直に受け入れることができません。

自分を直視し、ありのままの自分の価値を認めること。これを「自己肯定感」といいます。いつも「私はダメな人間だ」などと感じている人は、自己肯定感が低い、ということになります。

自己肯定感の低さはいろいろな形で表れますが、そのパターンのひとつとして、「ダメな私」を隠そうとして、「すごい私」を演じてしまうことがあります。他人の意見や価値観を受け入れないのも、「すごい私」のイメージづくりの一環。ちょっとした

ことで自分と他人をくらべ、「私のほうが正しい」「私のほうがよく知っている」などとアピールするために、他人を否定してしまうのです。

一見、「自分好き」のようですが、実は正反対。おまけに私たちの脳はつながるので、自分がAさんを否定すれば、Aさんも自分を否定する、という悪循環に陥ってしまいます。これでは、だれかと共感できる関係を築くのが難しくなるばかりです。

「そうだよね」「わかる、わかる!」と思い合える友達がほしいなら、自己肯定感を上げることが大切です。

いやなこと、気がかりなことのすべてを「私のせい」と思わない。
人前で自分を卑下したり、過剰な謙遜をしたりしない。
正しい・間違っているではなく、好き・嫌いを判断の基準にする。
まずは、日常生活の中で、こんなことを心がけてみましょう。

「自分と合う人がいない」と思うのは、自分で自分を認めていないから。まずは自己肯定感を上げることを目指そう。

case study8　こんな私が求める本当の友達は……

口に出さなくても、私の気持ちを察してほしい

友達のAさんとカフェでお茶をしているとき、Aさんが言い出します。

「ねえ、奥のテーブルの男の人、さっきから私のことをチラチラ見てるの。後で声をかけてくるかもしれないよ」

あなたは少し驚きます。あなたには、男性がAさんのことを意識しているようには思えなかったからです。そして数分後、男性は会計をすませると、こちらを見ることもなく店を出ていきました。

どうして、Aさんは勘違いをしたのでしょう？

それはAさんが、自分には他人の気持ちがわかる、と思っているからです。たしかに人の気持ちは、表情やしぐさにも表れます。そこから、ある程度のものを感じとることはできるでしょう。

でも自分が感じることが、いつも正解とは限りません。他人の気持ちを見抜ける確率は、かなり低いものなのです。

「人の気持ちがわかる」を疑ってみる

他人のことを「わかっている」と思う人は、他人も自分のことをわかってくれると思いがちです。

たとえば、いつもより少し元気がないあなたを見れば、「何かつらいことがあったんだ！」と「わかる」。そして、慰め＆励ましモードで接することで、「私は友達の気持ちを察して気づかっている」と感じます。

でも実際は……。あなたは、前日遊びすぎて寝不足なのかもしれないし、メイクを手抜きしたためにクマが目立っているだけかもしれません。

Aさんのような人は、他人にも自分のように「人の気持ちを察する」ことを求めます。自分がしていることは、他人にも当然できる、と思っているからです。

たとえばAさんにとって、男性が自分のことを見るのは、自分に好意があるサイン。

だから自分も、好意をもった男性にチラチラと視線を送ります。そして好意が伝わらないと、「どうしてわかってくれないの?」と不満に思うのです。

Aさんのような人に不足しているのは、**「自分と他人は違う」という認識です。**カフェで見た男性の印象は、Aさんとあなたで大きく違っています。つまり、同じものを見たり、同じ体験をしたりしても、「見えるもの」や「感じること」は人によって大きく違う、ということです。

大切なのは、何が正解か? ではありません。人はそれぞれ違う、ということです。自分の常識が、他人にそのままあてはまるとは限らないのです。

自分と他人の「違い」を認めて

カフェにいた男性は、本当にAさんのことが気になっていたのかもしれません。でも、窓の外の景色を見たり、トイレを探してキョロキョロしたりしているときに、たまたまAさんと目が合っただけ、ということも考えられます。

「人の気持ちがわかる」という感覚は、残念ながら思い込みである場合がほとんどです。思い込みが強いと、自分が感じたことを疑わなくなります。そのせいで、相手が景色を眺めたりトイレを探したりしている可能性に気づけなくなってしまうのです。

友達や恋人、家族などのことは、だれもが「よくわかっている」と思いがちです。でも実際には、他人の気持ちを完璧に察することはできません。

他人の気持ちは、自分にはわからない。

自分の気持ちも、他人にはわからない。

だから、「言わなくてもわかって！」という望みに応えるのは難しいのです。

どんなに親しい友達でも、自分とは別の人間。考え方や感じ方が、完全に一致することはありません。でも、違いを認め、違うからこそ相手を知ろうとしていけば、共感できることが増えていくもの。少しずつ「わかり合う」ようになっていくことはできるのです。


「わかってほしい」は、「自分はわかっている」の裏返し。

自分と人は違う、ということを忘れない。

case study9　こんな私が求める本当の友達は……

私の話をしっかり聞いてほしい

楽しい話で笑い合ったり、ときには愚痴を聞いてもらったり。話をすることは、相手を知るために欠かせないことでもあります。

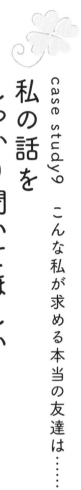

あなたは、Aさんに聞いてほしいことがあります。でもAさんが聞こうとしなかったり、聞いていても上の空だったりしたら？　「話ぐらいちゃんと聞いてくれてもいいのに……」と傷ついてしまうでしょう。

多くの場合、こうしたことには嫉妬がからんでいます。理由はさまざまですが、自分より下だと思っている相手が優れたものをもっていたり、いい思いをしたりしているのに気づくと、人は嫉妬の発作（57ページ）を起こします。

発作を起こした人は、相手を攻撃します。そして、相手がしてほしいことをあえてしないのも、攻撃の一種。つまりAさんは嫉妬の発作を起こし、「話を聞かない」ことであなたを傷つけようとしているのです。

嫉妬は動物的な本能のひとつです。そのため、「いつも穏やかな私でいよう！」と努力しても、嫉妬の発作を抑えることはできません。攻撃を避けるために有効なのは、周りの人が嫉妬の発作を起こさないように予防することだけです。

話を聞かないのは、あなたのため⁉

ただし、Aさんとあなたが親しい友達の場合、「話を聞かない」という行動は、あなたのためである可能性もあります。Aさんが無意識のレベルで、嫉妬の発作を防ごうとしているのかもしれないのです。

Aさんには、あなたの話を聞いたら嫉妬の発作を起こしてしまうことがわかっています。でも、発作を止めることはできません。それなら、友達であるあなたを傷つけないために、話を聞かないほうがいい……。Aさんは嫉妬の原因となる話を耳に入れないことで、発作を防ごうとしているのです。

こうした場合、話をきちんと聞かないAさんの態度は、嫉妬による攻撃ではありません。友達への気づかいの表れです。

友達とは、「この人を守りたい」と思える人のこと

いつも話を聞いてもらえない、などの理由で友達といても楽しめないときは、友達との間に上下関係ができてしまっているのかもしれません。**相手から嫉妬される経験を重ねると、あなたは攻撃を避けようとします。そして、相手のご機嫌をとるために「言いたいことも言えない私」として振る舞ってみせるのです。**

支配される側が弱者を演じることは、実際には嫉妬をあおる効果しかありません。でも嫉妬から身を守るために、あなたは相手を喜ばせようと頑張ってしまいます。相手から好かれれば嫉妬の攻撃が止まる、と勘違いしているからです。

自分より相手の気持ちや利益を優先するのは、「自己犠牲の愛」。これは本来、親から子への愛情の形です。親から十分な愛を得られなかったと感じている人は、親と同じ種類の愛情を友達に求めることがあります。でも、親から子への「自己犠牲の愛」は、友達との間には成り立ちません。それなのに、どちらかが無理をして犠牲になり

続けるような関係は、友達ではなく、「支配する人とされる人」です。

友達への愛は、「守り合う」愛です。

そもそも、友達が何かを「してくれない」と感じるのは、親子の愛を友達との間にもち込んでしまっている証拠です。対等な関係である友達は、「自分を喜ばせるために何かをしてくれる」相手ではありません。友達との間に存在するはずのない「自己犠牲の愛」を求めても、手に入れることはできないのです。

友達との信頼を深めるのは、相手のためにひと肌脱ぎたい、相手を守りたい、という気持ちです。「話を聞いてくれない」と傷ついたり相手を責めたりする前に、「どうして私の話を聞かないのかな？」と考えてみましょう。答えが見つかれば、友達への理解が少し深まります。答えが見つからないなら、「知りたい」と思い続けてください。相手を知ろうとすることも、「友達のためにできること」の一種だからです。

友達との関係を深めるのは、
「相手のために何かをしたい」という気持ち。

case study10　こんな私が求める本当の友達は……

いつだって私の味方でいてほしい

彼とケンカしたあなたは、Aさんにくやしい気持ちを打ち明けます。待ち合わせにちょっと遅れただけなのに、露骨に不機嫌な顔をされたこと。仕事の愚痴をこぼす彼に励ましの言葉をかけたら、逆ギレされたこと。

あなたがAさんに求めていたのは、「彼、ひどいね～」のような反応でした。でもAさんから返ってきたのは、「待ち合わせに遅れたのがいけないんじゃない？」。

あなたはがっかりし、悲しくなります。彼とケンカしてモヤモヤしている気持ちを、友達にわかってほしかっただけなのに……。

正論をあえて口にするのは……

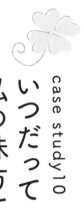

Aさんの行動は、あなたへの嫉妬から起こっている可能性があります。待ち合わせに遅刻するのはよくない。待たされた側が怒るのも仕方がない。理屈ではそうかもしれませんが、そんなことは本人だってわかっています。それをあえて指摘するのは、どうして……？

Aさんは「事実を公平に見ている」というポーズをとってはいますが、実はぜんぜん公平ではありません。本当に公平さを重視する人なら、あなたがなぜ遅れたのかも知ろうとするはずです。

遅刻の理由は、電車が遅れたからかもしれないし、途中で転んで足をくじいたからかもしれない。彼に頼まれた買いものをするために、お店に立ち寄っていたからかもしれません。そのあたりの事情を聞こうともせずに「遅刻したのが悪い」と決めつけるのは、あなたへの嫉妬の発作が起こっているからではないでしょうか。

Aさんの言葉が嫉妬によるものかどうかは、言われたときにあなたがどう感じたかでわかります。**不快に感じたのなら、その言葉には嫉妬が含まれていた、ということ。**反対に、もし嫉妬が含まれていないのなら、どんなにきついことを言われても不快感を覚えないはずです。

友達との間に嫉妬は起こらないはず

友達とは、お互いに「相手を守りたい」と思う対等な関係であるはず。でも、パーソナル数値の開きが大きいと、文化の違いを埋め切れないこともあります。すると、どちらかが小さなことで嫉妬の発作を起こし、相手を攻撃してしまいます。

もちろん、文化の違いが大きくても友情は成立します。でもそのためには異文化を尊重して相手を知ろうとする姿勢と、知り合うための時間が必要です。

相手からの嫉妬を感じるなら、今は無理に「友達」でいようとしなくてもよいかもしれません。いったん、「友達候補」ぐらいまで距離をとり、あらためて相手の文化を知る努力をしてみてはどうでしょうか。

味方になってくれないのは、あなたへの嫉妬のせいかも。
相手との距離を見直してみては？

Column

嫉妬は止められない でもリカバリーはできる

嫉妬の発作(57ページ)は動物的な本能なので、止めるのは難しいもの。そして、親しい友達に対しても、嫉妬してしまうことはあります。

嫉妬の発作で友達を傷つけてしまったかな、と気づいたときは、自分が嫉妬したことを自覚してください。それだけで、リカバリーは可能です。私たちは脳でつながることができます。だから、嫉妬を自覚しさえすれば、あなたの嫉妬の感情と同時に、「しまった! 今、嫉妬しちゃった!」という気持ちも相手に伝わります。これだけで相手の不快感はなくなり、あなたの嫉妬の発作も自然におさまるはずです。

case study11　こんな私が求める本当の友達は……

私が困っているときは助けてほしい

困っている人を助けるのは人として立派なことですが、ときとしてリスクも伴います。人間関係のトラブルを仲裁したら、自分が悪者にされるかもしれない。善意で救いの手を差し伸べたら、いつもそうすることを期待されるようになるかもしれない。

それでも相手が困っているからと、自分を顧みずに助けようとする……。これは、親から子への愛。そして、相手からの感謝や信頼といった「見返り」を期待して助けようとするのは、男女間の愛です。

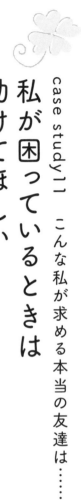

でも、友達との間にあるのは、守り合う愛。相手に「してもらう」ことではなく、むしろ自分が相手のために何かをすることに喜びを感じる種類の愛情です。

友達があなたのために「したい」と思うことなら、あなたが求めるより前に、友達がそれをしているはず。そうではないということは、あなたが求めているものは、そもそも友達から得られるものではない、ということになります。

「さびしさ」を消すために、友達に親の愛を求めているのかも

私たちは無意識のレベルで、友達は「自分がしてほしいことをしてくれる相手」ではないとわかっています。それなのになぜ、友達に期待してしまうのでしょう?

実は期待しているのではなく、「助けてもらえない」前提で求めていることも少なくありません。手に入らないことを知っていながら求めるのは、得られないことを確認するため。そして、「ほら、やっぱり助けてもらえない」「私がダメな人間だから、だれも助けてくれないんだ」と、自分をおとしめるのです。

ではなぜ、そんなことをするのでしょう? それは、**自分の中にある「愛されないさびしさ」を打ち消そうとしているためかもしれません。**

親から十分に愛されなかったと感じている場合、「さびしさ」が消えないことがあります。こういった場合、さびしさを感じる理由や、そのきっかけとなった体験の記憶などはすべて抜け落ち、「さびしい」という感覚だけが残ってしまいます。

こうした感覚を打ち消すために必要なのが、「同じ体験をする」ことです。

親に助けを求めたのに、助けてもらえなかった。あなたは裏切られた、見放された、などと感じて傷つき、とてもさびしくなる……。こんな傷を癒すためには、「親に助けを求め、それに応えてもらう」という体験が必要なのです。

そして、それができないとき、親のかわりに友達で再体験しようとすることがあります。友達から自己犠牲の愛を得られないことはわかっています。それでも、「今度こそは親の愛を与えてもらえるかもしれない」と期待してしまうのです。

こうしたことをくり返さないためには、友達は親のような愛情を求める相手ではない、と認識することです。友達は対等であり、互いに信じ、守り合う相手です。友達とのきちんとした関係を深めていけば、お互いの「したいこと」と「求めるもの」がうまく一致し、心の傷も少しずつ癒されていくかもしれません。


友達に「親の愛」を求めていませんか？

友達から得られるのは、信頼し、守り合う感覚。

第3章

友達って、本当に必要？

信頼できる友達がひとりでもいればいい

一緒に何かをしたり、ＳＮＳでつながったりしている友達はそれなりにいるのに、なんとなくさびしさを感じる、という人がいます。反対に、友達が少なくても満足している人や、ひとりでいることが多いのにぜんぜんさびしくなさそうな人もいます。こうした違いは、どこから来るのでしょう？

ひと言で「友達」といっても、関係の深さはさまざまです。職場の同僚やママ友、ＳＮＳだけでつながる相手……。こういった人たちは、「〜のため」という前提があってつながっている「目的別」の友達。友達ではあるけれど、つながりはやや浅いものであることがほとんどです。

それに対して、自然に本音を言えて共感し合える友達とのつながりは、強く深いものになります。

信頼できる友達は、安心できる「場」になってくれる

私たちの心身の健康には、他人への「基本的な信頼感」をもっているか？　ということが深く関わっています。

友達との基本的な信頼感のベースになるのは、「秘密を守れる」感覚です。自分は相手の秘密を守り、相手も自分の秘密を守ってくれる。こうした思いがあるからこそ、お互いに「素」を見せ合える関係が成り立ちます。

そして、秘密を守ろうとする気持ちは、相手を守ろうとする気持ちにつながります。こうして**互いに「守り合う」関係になることで信頼感が深まり、本当の友達になっていくことができるのです。**

基本的な信頼感がもてる友達は、自分を安心させてくれる存在です。その人と一緒に過ごしたり、その人のことを思い浮かべたりするだけで心が癒され、リラックスすることができます。

社会の中で他人に囲まれて過ごす毎日は、緊張の連続です。でも、信頼感で結ばれ

た友達がいるということは、緊張から解放され、安心して過ごせる「場」があるということです。こうした場は、心のバランスをとるために欠かせないものです。

基本的な信頼感をもてない人の場合、心を休められる「場」がないということ。常に緊張した状態が続くため、ストレスはたまっていくばかり。心がくたびれてしまうのはもちろん、免疫力なども低下し、体調も悪くなりがちです。

信頼できる友達は、頭の中でつながるだけの相手でもいい

信頼感で結ばれた友達は、ひとりでもいれば自分の支えになります。友達が少なくても満足そうな人には、信頼できる友達がいるはずです。

基本的な信頼感をもてるようになると、友達以外の人に対しても「信頼してみてもいいかな?」と思えるようになります。多くの人の中にいるときも緊張度が下がり、リラックスして過ごせるようになるのです。自分の緊張や信頼感は、相手にも自然に伝わります。緊張度が低ければ、集団にもすんなり溶け込めるもの。そして、新しい友達に出会う可能性も高まるのです。

ひとりでいても平気そうに見える人も同じです。離れていても、どこかに「本当の友達」と思える人がいるのでしょう。その人のことを思い浮かべれば、いつでも頭の中でつながることができる……。それがわかっているから、一緒にいなくても不安やさびしさを感じないのです。

もしあなたが、「自分には友達がいないけれど、さびしくない」と感じているなら、自覚していなくても、どこかに信頼できる相手がいるはず。記憶に残る人をひとりずつ思い浮かべ、尊敬や安心を感じられる人を探してみてもいいかもしれません。

さびしさを解消したい、深くつながれる友達がほしい、と思うなら、お互いに守り合う関係をつくることから始めましょう。「相手が守ってくれるか?」を考える前に、まずは自分が守ること。少しずつつながりを深めていくうちに、基本的な信頼感をもてるようになるでしょう。

さびしさを感じるのは友達の「数」が少ないからではなく、基本的な信頼感をもてる相手がいないから。

友達がいるとなぜかどんどん運がよくなる

信頼できる友達がいることには、意外なメリットがあります。それは、「運がよくなる」ことです。

なぜ、そんなことが起こるのか？　といえば、安心できる場を得たことで緊張度が下がるから。緊張度が下がれば運気が上がり、ものごとがどんどん、自分の都合のよいほうに動きはじめるものなのです。

もう少しくわしく説明しましょう。

緊張度が高いと、何をするにも意識的になります。人から攻撃されないように、嫌われないように、という気持ちが強いせいで、「～だからこうしよう」「～したらこうなるはず」などと、常に考えてしまうのです。でもこうした振る舞いは、残念ながら裏目に出るだけです。

意識的な行動は裏目に出やすい

鼻歌ならうまく歌えるのに、マイクをもって人前に出ると音程を外してしまったり。タイムを計るから速く走ろう！　と張りきると、練習のときよりタイムが悪くなってしまったり。いざというときに本来の力を出せない、という経験は、だれにでもあるはずです。

こうしたことが起こるのは、人には「恒常性」が働くからです。恒常性とは、ものごとを一定の状態に保とうとすること。恒常性が備わっていることによって、意識的に「～をしよう！」と思うと、それと同等の強さで「～はできない！」という気持ちも働いてしまうのです。

たとえば、「明るく挨拶をしよう！　感じよく笑いかけよう！」と決心したとします。でも、その思いが強いほど、「明るく挨拶なんて無理。感じよく笑うなんて不可能！」という気持ちも強まり、結果的に、微妙な表情で中途半端な挨拶をする……なんてことが起こってしまうのです。

恒常性は、心のバランスをとるために備わっているもの。「できないなんて思わないぞ！」と念じたところで、なくすことはできません。

ただし、恒常性が働くのは、意識的な状態のときだけです。緊張度が下がれば、いちいち「ああしよう、こうしよう」などと考えなくなります。「嫌われないために笑う」のではなく、「笑いたいから笑う」ことができるようになるのです。

無意識で淡々と行動する分には、「それは無理！」「それはできない！」といった思考が働くこともありません。つまり、自分で自分にストップをかけて失敗する、ということが少なくなるのです。その結果、ものごとがうまく回りはじめ、「最近、ついてるな」なんて思うことも増えてくる……というわけです。

友達に対しても意識的になりすぎない

運がよくなったな、と実感すると、「友達のおかげ→ずっと仲よくしていたい」といった気持ちになるかもしれません。でも、友達を意識しすぎるのは逆効果。「私にはいい友達がいるな。うれしいな」と感じているぐらいで十分です。

友達を大切にするのはよいことですが、「仲よくしなきゃ」「ずっと友達でいなきゃ」などと意識的になるのは間違いのもと。関係をキープしようと相手に気をつかいすぎ、ご機嫌とりをしてしまうことがあるからです。そうなると、対等な友達関係がくずれ、上下関係にかわってしまいます。

「信頼し合える友達」とは、言いかえれば「自分が信頼できると感じる人」のこと。相手が自分をどう思っているのか？　を考える必要はありません。だから、相手を喜ばせよう、などと頑張らなくてよいのです。

私たちは友達と脳でつながることができます。つまり、あなたが「信頼できる」と感じる人は、あなたのことを信頼している相手、と思ってよいのです。一方的だろうとなんだろうと、自分の心が「あの人は友達だ！」と感じる人は、間違いなくあなたの友達です。

安心できる相手がいると緊張度が下がる。意識的な行動が減るため、ものごとがうまく運ぶようになる。

ひとりがさびしい、と感じたときは「本当に？」と自分に聞いてみる

たとえば休日に、自宅でひとりで過ごしているとき。なんとなくさびしくなることがあるかもしれません。

「さびしい」とは、何かを求めているということです。でも自分が求める「何か」の本当の答えは、無意識の中にあるもの。人に相談するなどしても、出てくるものではありません。

答えを知るためには、無意識とつながる必要があります。そしてそのためにできるのが、「自分に聞く」ことです。

最初は、「今、私は何がしたいの？」「今、私は何を求めているの？」のように聞いてみます。おそらく、「だれかと一緒にいたい」「だれかと話したい」などの答えが出てくるでしょう。

でも、この答えは本物ではないことがほとんど。だって本当にだれかと一緒にいたいなら、今、ひとりで家にいるはずがないからです。

だからもう一度、心に問いかけます。「本当に、私はだれかと一緒にいたいの？」。

ここで出てくるのが、本当の答えです。そして多くの場合、それは最初に出てきた答えとは違うものになっています。

本当の思いに気づくことができれば楽になる

最初に出てきた答えは、意識的なものです。「さびしいのは、今ひとりでいるからだ」「ひとりで過ごしていると、だれかと話したくなるものだ」といった考え方は、一般常識のようなもの。私たちの心は意外に、こうした一般論にしばられているのです。この答えを信じて、だれかを呼び出したり電話でおしゃべりしたりしてみても、さびしさは解消されないでしょう。

だからあえて、もう一度問いかけるのです。

「食事の前には手を洗う」という常識を「知って」しまうと、その理由まで考えることはほとんどありません。でも、「なぜ手を洗うの？」と聞かれれば、「そういえば、なぜだろう？」と自分なりの答えを探します。

自分が感じていることについても、これと同じ。「本当にそうなの？」と聞かれて初めて、一般常識ではなく、自分の本音に目を向けられるようになるのです。

本当の答えは、すぐに出てくるとは限りません。「そうだったんだ」と自分が納得できる答えにたどりつくまで、何度でも「**本当に？**」と尋ね続けてみましょう。

最終的に出てくるのは、悲しみかもしれないし、不満や怒りかもしれません。**ここで大切なのは、「自分はこんな思いを抱えていたんだ」と気づくことです。**

自分がそう感じる理由を探したり、解消しようと頑張ったりする必要はありません。自分の本音がわかっただけで、心が楽になるはず。ぼんやりとしたさびしさも消えるでしょう。

ひとりでいること＝さびしいこと、とは限らない。
常識にしばられず、自分の本音と向き合って。

Column

一度でダメならもう一度
心はあまのじゃく

自分の心に何かを尋ねるとき、すぐに本音が出てこないこともあります。出てきた答えに違和感があるときは、「本当に？」と重ねて尋ねてみます。すると、「いや、実は……」と本音が出てきます。

また、「〜をしたいの？」などの問いかけに対する答えが出てこなかったり、あいまいだったりするときは、質問のしかたをかえてみます。「〜をしたくないんだよね」のように言いかえるのです。すると、「そんなことない、したいから！」と答えが返ってくることもあります。

私たちの心は、意外にあまのじゃく。本音を引き出すためには、あえて疑ってみたり、反対のことを言ってみたりする工夫も必要なのです。

求めている友情の深さは人それぞれ

自分には友達が少ない、と思っていると、友達が多い人をうらやましく思うことがあります。たしかに、いつも友達に囲まれているような人は、華やかで楽しそうに見えます。コミュニケーションが上手で、人柄がよいイメージもあります。でも、「友達が多い人＝多くの人から信頼される人」とは限りません。

友達が多い人と少ない人をくらべた場合、たくさんの友達がいる人は、「浅く広い」つき合いで満足できることが多いのです。ちょっとおしゃべりをすれば友達、軽く挨拶をかわせば友達、友達の友達は友達……。つまり、「友達」に対する基準がそれほど高くないのです。

これに対して友達が少ない人は、他人と深くつき合うことを求めていることがほとんど。相手に対する共感や尊敬、信頼といったものを感じられなければ、自分の中で

「友達」と認識することができないのです。

こう考えると、**友達の数に差が出てくるのはあたりまえです。**挨拶や世間話をする程度の相手は、友達が多い人にとっては「友達」。でも、友達が少ない人は「知り合い」「同僚」など、友達以外のカテゴリーに分類してしまい、「友達」とカウントしていない、ということです。

浅く広いつき合いを好む「ソーシャルバタフライ」

だれとでもすぐに仲よくなれる。

態度がフレンドリーで、気さくにつき合える。

友達が多い人は振る舞いが魅力的で、いわゆる「人気者」であることも多いはず。このようなタイプの人は「ソーシャルバタフライ」などと呼ばれることがあります。蝶が蜜を求めて、花から花へ飛んでいく様子からのたとえです。

こういった人は、「挨拶すれば友達」と本気で思っています。私たちは注目した相手と脳でつながるため、挨拶された人も、「これで友達だ！」と感じます。だから、友達づくりがとても簡単なのです。

また、友達づくりを楽にしている理由のひとつに、相手の感情などを自分に関連づけて捉えない、ということがあります。たとえば自分が挨拶したとき、相手が不機嫌な顔をしていたとします。こんなとき、「あれ？　私、何かした？」などと思ってしまう人は少なくありません。

でも、友達が多いタイプの人は、そんなことはチラリとも考えません。「機嫌が悪いのかな～？」と事実をそのまま受け止めるだけ。それ以前に、不機嫌そうであることに気づかない可能性だってあります。

彼らにとって、花は自分に蜜を与えてくれるために咲いているもの。枯れることがあっても、それは自分のせいではない、と考えることができるのです。

友達は多いほどよい、というものではない

なんでもかんでも「自分のせい」などと思わずにいられるのは、ありのままの自分を認めることができる「自己肯定感」が高いから。さらに、他人に対して基本的な信

頼感をもっているからです。

ただし「ソーシャルバタフライ」の場合、魅力的な振る舞いや友達をたくさんつくろうとする動機に、心の奥の「罪悪感」が関わっている場合もあります。幼い頃に罪悪感が植えつけられるような体験をすると、大人になってからもそれを償おうとします。その償いが「周りを明るく、楽しくしようとする」という形で表れている可能性もあるのです。

たくさんの人と広く浅くつき合うか。

少数の人とじっくりつき合うか。

これは、どちらが正解、というものではありません。友達に求めるものは、人によって違います。**大切なのは、自分は、どんなつき合い方ができる友達を求めているのか？を見失わないことです。**

友達が少ないのは
深くつき合える人を求めているから。

友達がほしい？　つくるのは、とても簡単

友達は多いほどよいわけでない、とわかってはいるけれど。

自分は深いつき合いを求めているのかな、と考えてはみたけれど。

それでも、もっと友達がほしい！　と思うなら、今から友達をどんどん増やしていきましょう。

実は、友達づくりはとても簡単です。**最初にすることは、「笑顔で挨拶」。**

え？　そんなことで？　と思うかもしれませんが、とりあえずやってみてください。


「誘えない」性格には被害の感覚が関わっていることも

笑顔で挨拶ができるようになったら、次の段階へ進みます。次にすることは、「笑

顔で誘う」。これは、挨拶よりハードルが高いかもしれません。

自分から誘うことが苦手、という人は少なくありません。友達になりたい、と感じる相手を「誘いたいのに、誘えない」のは、「誘っても、どうせダメに決まってる」などと思うからではないでしょうか。

これは自己肯定感の低さが原因。自分を否定されるような経験を重ねたために、どんなことも「私には無理」と感じてしまうのです。さらに「やってもムダだから、やらない」という「学習性無力感（46ページ）」に陥ってしまっていることもあります。

自己肯定感の低さには、「被害」の感覚も関わっています。親から自分を否定された、十分な愛情を与えてもらえなかった……。自己肯定感が低い人は、他人から何かを「される」経験を重ね、それによって傷ついています。つまり、親や身近な人の「被害者」であるわけです。

被害の感覚が強いと、すべてにおいて自分は「される側」であることを前提にしてしまうようになります。だから楽しいことに関しても、向こうからやってくるのを待つ、という姿勢が基本。自分から働きかけようという発想はなく、「誘われる」ことを求めてしまうのです。

反対に、自分がだれかを傷つけてしまった、などの罪悪感をもっている人は、自分が「する」側であることが前提。そのため、自分から働きかけることに抵抗がなく、自然に人を誘うことができるのです。

友達をつくりたいなら、思い切って一歩踏み出す

友達を増やしたい場合、「私は誘うのが苦手だから……」と待っていたのでは、何もかわりません。「断られるのがこわい」などの気持ちを乗り越え、思い切って自分から誘ってみるのです。

「自分から誘えない」という思いは、自己肯定感の低さや被害の感覚などによってつくられたもの。それを打ち破るのは、簡単なことではありません。でも、やってできないことでもないのです。

思い切って声をかけたのに相手の反応がよくないと、それだけで心が折れそうになるかもしれません。そんなときは、自分が「ソーシャルバタフライ（117ページ）」のつもりになってみましょう。つまり、相手の反応を気にしないようにするのです。

こちらから感じよく挨拶したのに、不機嫌な顔でモゴモゴと挨拶を返された……。こんなとき、自己肯定感が低いと、他人の不機嫌を自分のせいだと感じてしまいがちです。でも、それはあなたの思い込み。相手は眠かっただけかもしれないし、難しい仕事の段取りで頭がいっぱいだったのかもしれない。そもそも不機嫌でもなければ、あなたに声をかけられたことを不快に思っているわけではないことが多いのです。

だから、**相手の態度を気にする必要はありません。**反応が今ひとつだったら、「あ、そう」とサラリと流せばいい。それが無理なら、「この人は痛風が痛いんだ！」などと思い込むようにしてみましょう。

笑顔で挨拶をする。笑顔で誘う。

これができれば、「される側」から「する側」へ、自分の立場が一気にかわります。そして、友達づくりに関する意識も劇的にかわるでしょう。

笑顔で挨拶。笑顔で誘う。
これさえできれば、友達は増えていく。

友達づくりが面倒？必要なのは心でつながれる相手だから

私には友達が少ない。だから、友達をつくろう！

そう決心したのはいいけれど、いざとなるとなんだか面倒な気もする……。そんなときは、自分の本当の気持ちを見直してみましょう。

人は本来、自分にとって一番居心地のよい場所に落ち着いているものです。つまり友達が少ない人は、「友達が少ない状態」が好き、ということ。頑張ってかわろうとしなくてもよいはずなのです。

でも、社会生活を送っていれば、他人の様子も気になります。人気者のAさんを「楽しそうでいいなあ」なんて思うことだってあるでしょう。嫉妬の発作を起こしただれかから、自分の友達づき合いについて不愉快なことを言われたりすることもあるかもしれません。

すると、自分の中で一般常識が頭をもたげてきます。友達が少ない私って、人としてちょっとヘン? やっぱり、友達は多いほうがいいの?

こうなってくると、自分が本当は何を望んでいるのか、わからなくなってしまっても無理はありません。

本当に友達を増やしたいのか? と考えてみる

新しい友達をつくるのは、とても簡単です。でも、簡単にできた友達に期待できるのは、浅いつき合いであることがほとんどでしょう。

たくさんの人と広く浅くつき合い、友達に囲まれて楽しく過ごす。友達づくりに前向きになれないときは、自分が本当にそういった友達を求めているのか、心に聞いてみるとよいでしょう。

「友達がほしいの?」という最初の問いかけには、「ほしい」と返ってくるでしょう。でもこれは、一般常識にとらわれた答えである場合がほとんど。**「本当にほしいの?」などと重ねて尋ね、自分の本音を引き出していきましょう。**

頭の中でつながれる友達がいるだけで……

自分の本心が、友達がたくさんほしいわけではない、というものだった場合は、無理をして友達づくりに励む必要はありません。あなたが求めているのは、おそらく深い信頼感でつながれる人。そして、そういう友達がすでにいるのでしょう。

共感し、信頼し合える本当の友達とは、会う必要さえありません。相手のことを思い浮かべ、頭の中でつながるだけで十分だからです。

長い間会っていないとしても、「前はいい友達だったけれど、かわってしまったかも」などと心配する必要はありません。今、あなたが感じる友達の印象は、「今のその人」のものだからです。

友達づくりを面倒に感じるのは、簡単につくれる友達を求めていないから。

Column

疑問を感じているのはだれ?
常識からのダメ出し

こんな私じゃダメ! などと思わされることがあると、つい落ち込んでしまうものです。でも、自分を責めたり否定したりする前に、ちょっと考えてみてほしいことがあります。

「こんな私じゃダメ!」って、だれが思っているの?

もちろん私です、と答えたくなるかもしれません。でも、自分の心に聞いてみてください。「本当に、私がそう思ったの?」。

私たちは本来、自分にとって一番心地よいことをしているもの。ただし、それが一般的によしとされることではないと、「常識」が「それじゃダメでしょ?」と口出しをしてくる場合があるのです。ダメ出しの主が「常識」だった場合は、気にする必要なし。自分の本音に従って、本来の自分でいてください。

case study12　こんな私に、友達は必要？

友達と楽しそうにしている人を見るとうらやましくなります

ランチタイムにあなたがひとりで食事をしているお店に、女性のグループが入ってきました。彼女たちは会社の同僚のようで、ずっとにぎやかにおしゃべりを続け、ときどき大きな笑い声も上がります。

あなたは、楽しそうに笑っている彼女たちが少しうらやましくなります。同時に、自分がひとりぼっちで過ごしていることに虚しさを覚えます。

ひとりでいることも嫌いではないけれど、やっぱり友達がいるっていいな。どうして私には、あんな風につき合える友達が少ないんだろう……。

でも実は、このときに感じた孤独は、あなた自身のものではありません。

では、だれのもの？

おそらく、楽しそうに盛り上がっている女性グループの中のだれかのものです。

孤独を感じるのは、通じ合えない相手と一緒にいるとき

私たちが孤独を感じるのは、どんなときでしょう？

ひとりでいるとき……ではありません。**人が「ああ、私ってひとりぼっち……」など感じるのは、「一緒にいる相手と通じ合えないとき」なのです。**

同じところで同じことをしているのに、共感できない。通じ合えない。

これこそが、孤独感の理由なのです。

店で見かけた女性グループは、表面的には楽しそうにしているかもしれません。でもその中のだれかは、無意識のレベルで「この人たちとは共感できないな」と感じているのです。ただし、おそらく本人も、自分が孤独を感じていることに気づいていないでしょうが。

人の脳は、注意を向けた相手とつながることができます。そのため、孤独を感じた彼女の脳があなたとつながったとき、あなたにその思いが伝わってきます。

あなたは彼女の孤独感を受けとりますが、それを自分自身の感情と区別することが

できません。そのため、「ひとりでいることがつらいのだ」と勘違いし、友達と一緒にいる彼女たちをうらやましい、とまで思ってしまったのです。

ひとりでいれば、制限なく友達とつながれる

ではなぜ、あなたの感じた孤独が自分自身のものではない、といえるのでしょう？

それは、私たちは本来、ひとりでいるときには孤独を感じないはずだからです。だれかと一緒にいるとき、私たちの脳は一緒にいる相手とつながります。それは同時に、その場にいない人とのつながりが薄くなる、ということでもあります。

本当に信頼できる友達とは、脳でつながっただけで「通じ合えている」という安心感があります。でも目の前にいる人とつながっている間は、この場にいない友達とうまくつながることができません。そのため、共感できない相手と一緒にいると、さびしさや不安ばかりを感じてしまうのです。

これに対して**ひとりでいるときには、だれとでも自由につながることができます。**頭の中だけのつながりには、制限がいっさいありません。友達が時差のある外国でぐ

っすり眠っていようと、仕事で忙しくしていようと、シャワーを浴びていようと、そんなことはまったく関係なし。いつでも自分の好きなときに、好きなだけつながっていられるのです。

離れた相手と脳でつながると、お互いの感情がダイレクトに伝わります。実際に会うと、「あなたのことを信頼してるよ！」などとは言いづらいもの。でも離れていれば、そんな気持ちも自然にやりとりできるのです。

信頼できる友達とつながることは、私たちを温かい気持ちにしてくれます。そしてこうしたつながりを保つことで、緊張度が下がり、安心して過ごすこともできるようになります。こんな状態で、孤独を感じる人がいるでしょうか？

ひとりでいるときこそ、信頼できる友達とのつながりを実感できるとき。そんなときに忍び込んでくる孤独感は、他人のものであることが多いのです。

ひとりで過ごす時間こそ、友達とつながるとき。
だから、ひとりでいるときは孤独を感じない。

case study13　こんな私に、友達は必要？

友達がいないのは自分に魅力がないせいだと落ち込みます

友達の数は、自分が求めるつき合い方が「広く浅く」なのか、「狭く深く」なのかによってかわるもの。友達が少ない人＝魅力がない、ということにはなりません。

それでも、たくさんの友達に囲まれている人を魅力的だと思うなら、自分もそれに近づいてみましょう。そのために有効なのが、**「こんな人になれたらいいな」と思う相手を見つけ、その人のまねをすることです。**

このときに大切なのが、「Aさんは話し方が好印象を与えるから、話し方をまねすればいいはず」などと理屈で考えないこと。服装、髪型、メイク、身振り、表情……。とにかく、自分にできそうなことからまねしてみるのです。

もちろん、魅力的な人のまねをしたからといって、自分の内面までガラリとかわり、友達が一気に増える……とは限りません。実際にやってみなければ、何が起こるかはわからないのです。

そして、自分の行動の効果や結果が「わからない」と感じることこそ大切。わからない、と思ったときに無意識が起動するからです。

「いきなりファッションをかえるなんて、ちょっとはずかしい」「明るく話しかけても反応が薄かったら、立ち直れないかも……」。こういった思いは、すべて意識的なものです。無意識が起動した瞬間、意識は働かなくなります。そして無意識でした言動は、意識にしばられているときとは違う結果につながるのです。

「まねしたいけれどできない」のは暗示が入っているから

もちろん、「魅力的な人のまねをする」ことに、抵抗がある人もいるでしょう。まねできるぐらいなら、とっくにしてますけど？　などと思う人は、ふたつのタイプに分かれます。

ひとつめが、効果があるとしても「まねをしたくない」というタイプ。こういった人は、本当は自分をかえたくないと思っています。本心では、友達が少ない自分に満足しているので、無理にかわろうとする必要はないでしょう。

ふたつめが、「まねしてみたいのに、できない」というタイプ。できない理由は「そんなことをしても、私がかわれるわけがない」と思っているからです。嫉妬による攻撃などを受け続けたために自己肯定感が下がり、何に対しても「私にはできない」という暗示が入ってしまっているのです。

こういった場合は、まず暗示をときましょう。「やりたいけど、できない」と思ったら、心の中で「呪いの暗示がかかってる！」と唱えてみてください。そして、どんなに小さなことでもよいので、何かひとつ、やりたいことを実行してください。

1日にひとつ、小さな変化を重ねていく

暗示をとくためには、淡々と続けることが大切です。違う自分にならなきゃ！　などと頑張る必要はありません。たとえば魅力的な人のメイクをまねしよう、と思ったのなら、初日はマスカラをつけ、次の日はリップ、その次はチーク……のように、1日にひとつずつかえていきましょう。

変化が小さいと周りは見過ごすかもしれませんが、自分自身は「だれかが気づいてくれるかも」と意識するようになります。こうした気持ちの変化によって、少しずつ自己肯定感も上がっていくのです。

こうした変化は、少しずつ進めていくことも大切です。一気に大変身すると、身近な人が嫉妬の発作を起こす可能性があるからです。そうなると、否定的なことを言われたり、相手の否定的な感情が脳に流れ込んでくるせいで「私にはこんなメイクは似合わない」などと自分にダメ出しをしたりしてしまい、結局、かわれない……ということになりかねません。

でも、周りが気づかない程度の小さな変化なら、嫉妬の攻撃も受けにくいものです。少しずつ自分をかえていくうちに無意識が起動！　気がつけば「なりたかった自分」になっていた、ということになるのです。

憧れの人を見つけたら、できることからまねをしてみる。自分がかわることで無意識が起動し、現実もかわりはじめる。

case study14　こんな私に、友達は必要?

友達がいたら
きっと楽しいだろうな、と思います

友達がいれば、一緒に出かけたり、日常のちょっとしたことをネタにして盛り上がったり。そういうのって、楽しいだろうな。

ぼんやりとこんな風に思ったとき、あなたはどうしますか?

友達がたくさんいればいいってものじゃない。私は今のまま、自分に合った友達づき合いをすればいい……と自分に言い聞かせる?

よし、友達をつくろう!　と頑張る?

残念ながら、どちらも満点の対応とはいえません。こんなときには、感じたことを打ち消す必要もなければ、張りきって努力する必要もありません。

では、どうするか?

「友達がいたらいいな」「きっと楽しいだろうな」という感覚を、素直にもち続けれ

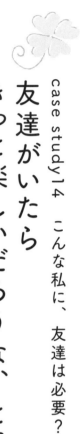

ばいいのです。

夢と目標の違いは、無意識と意識の違い

「こうなったらいいな」「こんなことができたらいいな」と、ふわっと思うことは、「夢を描くこと」です。これに対して、「こうしていこう」「こんなことができるようになろう」と考えるのは、「目標をもつ」ことです。

夢は、無意識の領域で思い描くもの。否定せず、かといって頑張りもせず、ただ思い続けていれば、夢はいつか必ず実現します。

目標は、意識的にもつもの。達成するためにどうするべきかを考え、それに向けて努力しなければなりません。でも、どんなに一生懸命とり組んでも、目標として掲げたことは失敗する可能性が高いのです。

なぜかといえば人の心には、ものごとを一定の状態に保とうとする「恒常性（109ページ）」が働くからです。

中学校の理科で学ぶ「作用と反作用の法則」を思い出してみてください。壁に手を

当てて押したとき、壁にはあなたの「押す力」が加わります。でも同時に、あなたの手には壁が「押し返す力」が加わります。そして、あなたの押す力が強まると、壁が押し返す力も強まります。

私たちの心も、これと同じ方法でバランスを保っています。目標に向かって頑張ろう！　という「作用」が強まるほど、「いやいや、無理だから」という「反作用」も強まってしまう。「できる」と「できない」が同じ強さで働いてしまうため、「できる」気持ちが優位になりません。そのため、頑張りは報われず、目標を完全に達成することができない場合も多いのです。

夢をもっている人には、人を引き寄せる力がある

でも、「夢」に反作用は働きません。恒常性が関わってくるのは、意識的に何かをする場合だけだからです。

友達がいたらいいな、と思うなら、それを「夢」としてもち続けましょう。そして、楽しい想像をどんどんふくらませてください。

夏休みには、一緒にフェスに行けるかな。おもしろかった本の貸し借りができるといいな。映画の話で盛り上がるのも楽しいだろうな。

このときに注意したいのが、**「～したい」「～になりたい」と、自分が頑張る方向に考えないこと。**意識的になると「できない！」という反作用が働いてしまうからです。あくまでも「夢」として、「～だったらいいな」と思い描くのが正解です。

無意識のレベルで夢をもっている人には、必ず光る部分があります。そして私たちはだれもが、光る部分をもった人に引き寄せられます。

あなたに引き寄せられ、脳がつながった人には、あなたが思い描いている楽しい夢が伝わります。するとあなたの夢を受け止めた相手は、「ああ、この人と一緒にいたら楽しいだろうな」「この人と友達になりたいな」と感じる……。こうして現実がかわりはじめ、あなたの夢が現実のものになっていくのです。

「～だったらいいな」という思いは、夢としてもち続ければ、必ず実現する。

case study15　こんな私に、友達は必要？

友達の前でキャラをつくっている私って……

ありのままの自分でいたい。「素」の私を受け入れてほしい。

こんな風に思う人は少なくないはずです。

でも、「素の自分」ってどんな自分でしょう？

「素」であるということは、何もない、ということ。おもしろい人、やさしい人、賢い人……。今までに身につけてきた「○○な人」という飾りを全部そぎ落して、「ただの人」になった状態のことです。

何もない自分を、あなたはどう思いますか？

おそらく、不安になるでしょう。自分は何のとりえもないつまらない人間だ。こんな私と一緒にいてくれる人なんていないんじゃないか……。多くの人が、こんな気持ちになるはずです。だから私たちは、「キャラをつくる」のです。

キャラをつくれる人は、環境適応能力が高い、といえます。職場ではしっかりした人。学生時代の仲よしグループでは鋭いツッコミ役。ママ友の間では落ち着いた人。つき合う相手に合わせて、カメレオンのように擬態ができるのです。

ただし、擬態には限界があります。そのため、器用にキャラをつくってもしっくりいかず、違和感を覚えることも出てきます。

私たちは全員、キャラを演じている

「素の自分＝何もない自分」であるのは、だれもが同じ。何もない自分を不安に思うのだって同じです。

つまり私たちはみんな、キャラをつくり、周りに擬態しながら暮らしているのです。たとえばあなたが4人組のグループにいるなら、あなたを含めた4人全員がキャラをつくっています。だから、「仲よしグループ」としてのつき合いがうまくいく、という部分もあるのです。

風景を構成する要素を考えてみてください。草があり、木があり、岩があり、花がある。木を演じているあなたには、他の3つの要素はもともとそこにある自然なもののように思えるかもしれません。でも実は、草も岩も花も、あなた以外の人がそれなりに頑張って演じているものなのです。

そして演じるキャラも、それぞれが勝手に決めているわけではありません。草と木と岩の風景の中に高層ビルがそびえていたら、明らかにヘン。また、小さな岩の周りに花ばかり大量に咲いているような景色もバランスがよいとはいえません。私たちはつき合う相手に合わせて、集まったときに調和してひとつの風景ができあがるようなキャラを選び、演じ分けているのです。

「素の自分」でいられるのは、ひとりでいるときだけ

何もない「素の自分」を不安に思うのは、ごく自然なことです。「素」でいられるのは、ひとりでいるときだけなのが普通。人と一緒にいるときにキャラをつくらない、なんてそもそも無理な話です。

「人前でキャラをつくる」のは、だれもがしていること。**キャラを演じるのを、悪い**

ことのように捉える必要はありません。周りへの擬態は、自分を守り、人間関係を円滑にするために必要なスキルの一種でもあるのです。

「キャラをつくらない人はいない」と言いきると、反論したくなる人もいるかもしれません。Aさんはとんでもなくマイペースで、とてもキャラをつくっているとは思えない！　Bさんはだれといるときも自然体に見える！

結論を言えば、AさんもBさんも、しっかり擬態しています。Aさんは「キャラをつくらない人」というキャラを演じているだけ。Bさんも「いつも自然体の人」というキャラをつくっています。

ふたりがキャラをつくっているように見えないのは、演じ方がうまいから。一瞬、素顔に見えるけれど、よく見るとけっこう厚塗り……というナチュラルメイクをしている人と同じです。

人と一緒に過ごすとき、「素の自分」でいられる人はいない。キャラをつくるのは、周りに適応するスキルのひとつ。

case study16　こんな私に、友達は必要？

周りの人は、なぜもっと私のことを気にかけてくれないの？

私にだって、つらいときやさびしいときがある。友達だったら、もう少し私のことを気にかけてくれてもいいのに。

その気持ち、本当ですか？

自分の心に聞いてみてください。たぶん、本音ではないはずです。

あなたが本当に気にしているのは、人に気にかけてもらえないことではなく、自分自身が他人に興味をもてないことなのではないでしょうか？

実は他人に興味がなく、人から気にかけてもらうことも求めていないあなたですが、「友達のことは気にかけるべきだ」という「一般常識」は刷り込まれています。だから友達の様子に気を配り、必要だと思われるときには励ましやいたわりの言葉をかけたりもします。

でも脳がつながった時点で、あなたの本音は相手にバレバレ。やさしい言葉や気づかいが心からのものではないことが伝わってしまいます。だから、相手はあなたに「お返し」をしようと思わないのです。

あなたは本心を見抜かれていることに気づかないので、ちょっと不満に感じます。私はAさんにやさしくしているのに、どうしてAさんは、私のことをぜんぜん気にかけてくれないの……？

それは、Aさんにはわかっているからです。あなたのしたことは、Aさんのためではありません。Aさんからのお返しを期待して、「先にやさしくしておこう」と思っただけなのです。

他人に興味がある人が「普通」なわけではない

あなたは、他人に興味がない自分を「ちょっとヘン？」と感じています。なぜそう思うかといえば、世間では「友達は互いに気にかけ合うものだ」とされているからです。一般常識にあてはまらない、という理由で不安になっているのです。

だから、あえて「常識的」なことをしてみます。自分から友達を気にかける姿勢を示せば、相手からも返ってくるはず、と思うからです。でもなぜか、いつも期待外れに終わってしまう……。

あなたがしていることは、火星人が地球人のふりをしようとするようなものです。あなたの思う常識は、単なる思い込みであることがほとんど。**実際は、他人を気にかける人もいれば、気にかけない人もいます。**これは単なる「タイプ」のようなもので、どちらが正しい、というものではありません。

だから、常識にしばられて無理をする必要はありません。火星人は、火星人のままでいいのです。それに、「他人に興味がない」という人は、あなたが思うほど少数派ではありません。あなたが「友達を気にかけるふり」をしたように、他人に興味があるように見せかけながら、実は自分にしか興味がない、なんて人も多いのです。

「気にかけてもらいたい」は、「人に興味がない」の裏返し。「友達は気にかけ合うもの」なんて常識は忘れてよい。

第4章

大人になっても、友達ってつくれる？

友達探しの第一歩は理想の友達を思い描くこと

大人になってから新しい友達をつくるのは難しい、などとよくいわれます。でも、友達がほしいと思ったときが、友達をつくるチャンスです。

私たちの脳は、未来ともつながることができます。つまりあなたが今、「友達がほしいな」と思うのは、これから先に「新しい友達ができる」と知っているからである可能性も高いのです。だから、「今さら友達づくりは無理」なんて決めつけるのはもったいない！

自分さえその気になれば、友達はいつでもつくることができます。ただし、どんな友達を求めているのか？　によって、探し方が違ってきます。

あなたは浅く広く、たくさんの友達とつき合いたいのですか？

数は少なくても、深くじっくりつき合える友達を求めているのですか？

挨拶を交わせば、それだけで友達に

気が向いたときに軽いおしゃべりをしたり、たまには食事に行ったり。「一緒に楽しく過ごす」ための友達なら、すぐにでもつくれます。

顔を合わせたら、笑顔で挨拶。

目が合ったら、笑いかけてみる。

これだけで、その人とあなたは友達です。

挨拶しただけで友達だなんて、ただの思い込みでは？　などと思う人もいるでしょう。でも実際に、一瞬で友達になれるのです。

その証拠に、笑顔で挨拶した人に親しげに話しかけると、相手も親しげな態度で応えるはず。笑顔で挨拶を交わしておきながら、話しかけられると急によそよそしくなる……なんて人は、まずいません。

人は、注意を向けた相手と脳でつながることができます。あなたが友達になるつもりで挨拶したり、笑いかけたりしたのなら、その思いは相手に伝わっています。だから「お友達になってください」なんて言葉を交わす必要はありません。

おはよう。

にっこり。

それだけで、あっという間に友達同士になれるのです。

信頼できる友達がほしいなら、理想の友達を想像してみる

心から信頼できるような友達がほしい場合は、「こんな友達がほしい」という夢を描いてみてください。そんな友達候補が身近にいるのか？　なんてことを考える必要はありません。


こんな人と友達になりたいな。

友達になったら、こんなことをしたいな。

理想の友達のイメージに加え、その人としたいこと、話したいことなども具体的にどんどん思い描いてみましょう。成功の秘訣は、このとき、できるだけ楽しい想像をすることです。

頭の中で考えていると何が起こるのでしょう？　まず、あなた自身がかわります。楽しい夢で頭をいっぱいにしていると、その楽しさが脳を介して他人にも伝わります。そして、楽しそうな人の周りには、自然に人が集まってくるもの。こうして新しい知り合いが増えていけば、共感し、尊敬することができる友達に出会う可能性も高くなっていきます。

人見知りだから。おとなしくて口下手だから。友達が少ない人には、自分なりの理由があるでしょう。でも、人は意外にかわりやすいもの。「かわれない」のは、本心では「かわりたくない」と思っている場合です。

本当に「かわりたい」と思えば、いつでも「友達ができる自分」にかわることができます。ただし、「かわろう」と努力するのは逆効果。「こんな風になれたらいいな」とユルく夢を見ていると、なぜか自然に一歩踏み出せるようになるのです。

自分さえその気になれば、いつでも「友達ができる自分」にかわることができる。

小さな「すごい！」が友達を引き寄せる

私たちは、他人に嫉妬してしまうことがあります。嫉妬の対象となるのは、自分より「下」だと思っていたのに、実は自分より優れたものをもっていたり、いい思いをしたりしている人です。

そもそも人との関係に「上下」などないのですが、嫉妬は一種の発作なので、そんな理屈にはお構いなし。いったんスイッチが入ってしまうと、「相手をこわしてやろう」という思いが暴走していきます。普段から「嫉妬をしてはいけない」などと自分に言い聞かせても意味はありません。**嫉妬の発作は、動物的な本能によるもの。理性で抑えることはできないのです。**

多くの場合、嫉妬のスイッチを入れるのは「緊張」です。自分が攻撃されるのではないか、嫌われるのではないか……。そんな思いが、他人への嫉妬を引き起こすきっかけとなるのです。

さらに、緊張が続いてストレスがたまると、脳が帯電したような状態になります。こうした状態は、周りにも伝わるもの。緊張を受け止めた相手は、あなたを「仲間」ではなく「自分より下」とみなしてしまいます。そうなると、あなたに対して嫉妬の発作を起こす可能性も出てきます。

つまり、**緊張していると自分が嫉妬の発作を起こしやすくなるのに加え、他人からの嫉妬の攻撃も受けやすくなってしまうのです。**反対に言えば、緊張が下がれば、嫉妬することもされることも少なくなる、というわけです。

緊張度を下げるのにもっともよい方法が、友達をもつこと。友達と共感し合うことは、脳にたまったストレスを発散するのに有効だからです。

尊敬の気持ちが、嫉妬のスイッチをオフにする

友達への思いとしてもっとも大切なのが、「尊敬」です。一緒にいて安心し、共感し合える友達はもちろん、目的のためにつき合う友達であっても、お互いへの思いの

ベースには尊敬があるはずなのです。

友達とは、「上下」の意識なしに対等につき合える相手。つまり、嫉妬をし合わない関係、ということです。そして、相手を尊敬する気持ちは、私たちの中にある「嫉妬のスイッチ」をオフにしてくれるものなのです。

尊敬するということは、相手を自分より「上」と認めること。だから、相手に対する嫉妬の発作は起こりません。

また、自分を尊敬してくれる相手に嫉妬する人はいません。だから、相手からの攻撃を恐れて緊張する必要もなくなります。

お互いに嫉妬の発作が起こらなければ、「本来の自分」の姿で相手と向き合うことができる。そして、友達になることもできるのです。

尊敬できる人は、みんな友達

お互いをよく知る友達ならともかく、つき合いの浅い相手や、これから友達になりたい人が尊敬できるかどうかなんてわからない！　と思うかもしれません。でもここでいう「尊敬」とは、人格的な素晴らしさを認める、というレベルのものだけを指すのではありません。

友達への尊敬は、相手を「すごい！」と思うだけで十分です。「すごい！」の理由は、なんだって構いません。

カラオケがうまい、おしゃれが上手、笑顔が素敵……。どんな小さなことでもいいし、「すごい！」の度合いが深くなくたっていい。とにかく、相手を「すごい！」と思えることが大切なのです。

尊敬できる部分をもつ人は、みんなあなたの友達です。私たちは脳でつながることができるので、「すごい！」という気持ちは、口に出さなくても相手に伝わります。こうした気持ちのつながりができた相手とは、自然に距離が縮まっていきます。そして、いつか友達になれるのです。

たとえ小さなことでも、「すごい！」と思える相手とは嫉妬をし合わずにすみ、友達になれる。

「どうして？」は異文化を理解するためのキーワード

「話せばわかる」といわれることがありますが、人の気持ちに関しては「話すほどわからない」ということのほうが多いのが現実です。他人の気持ちは、わからないのがあたりまえ。とくに共感しにくい人同士では、「ちゃんと説明されたからわかった！」ということはまず起こりません。「話せばわかってくれるはず」などと思っていると、一生懸命話しても理解してもらえず、かえって孤独感が増すだけ……という悲しい結果に終わってしまいます。

また、「つらいことは、言うだけで楽になる」ともいわれますが、これも幻想。気持ちを吐き出しても、共感が得られなければ楽になることなどないからです。

こうしたことは、実は本人もよくわかっています。それでも、だれかに話そうとするのは、なぜなのでしょう？

今まではダメだったけれど、今度こそわかってもらえるかもしれない。意識的に、そう考えることもあるでしょう。でもその場合も、「今度こそ」なんて奇跡は起こらないことを知っています。

さらにいえば私たちは、「話すほどわからない」という現実をかえる必要がない、とわかっているのです。その理由は、自分にとって本当に必要なのは、わかってもらうことではなく、「話してもわかってもらえないという現実」だからです。

「わかったふり」は、相手の力を奪うための攻撃

あなたが、Aさんに悩みを打ち明けたとします。他人の気持ちが本当にわかる人はいないので、もちろん、Aさんにもあなたの気持ちはわかりません。それでもAさんは、「わかったふり」をしながらあなたの話を聞いてくれます。

これは、Aさんのやさしさでしょうか？　残念ながら、違います。Aさんのしたことは、「あなたの力を奪うこと」にすぎません。

苦しいとき、私たちが本当にするべきなのは、自分に問いかけることです。私は本

当にさびしいの？　とくり返し問いかけ、無意識とつながることです。そして、自分で自分の本音に気づくことが、私たちを楽にしてくれるのです（112ページ）。

でも、Ａさんにわかってもらえたと思ったら、あなたは自分に問いかけるのをやめてしまいます。無意識とつながる機会を逃してしまうのです。

無意識には大きなパワーがあります。そのパワーとつながらないようにするのは、Ａさんの嫉妬から起こった攻撃の一種です。本当の友達なら、こんな攻撃はしないはず。あなたのつらい気持ちを受け止めたうえで、「あなた自身が解決するしかないよね」と考えるでしょう。そして、友達からのそんなメッセージは、言葉でやりとりしなくてもあなたに伝わってくるものなのです。

「あなたを知りたい」という思いを伝えてみる

ただし、自分と相手のパーソナル数値（28ページ）の開きが大きい場合、最初から共感するのは難しいもの。Ａさんにはあなたの悩みの理由がわからず、あなたにはＡさんの対応が不満……ということが起こりがちです。こうしたズレのおもな原因は、

「他人も自分と同じ」だと思ってしまうことです。

私たちが忘れてはいけないのは、自分と同じ人はいないということ。だから、**相手との間に大きな違いを感じたときは、わかったふりをするのも、自分の価値観や常識を押しつけるのもやめましょう。**そのかわりに、「どうして？」と言ってみてください。

どうしてそう思ったのか、なぜそう考えるのか。そう聞かれることで、相手にはふたつのことが伝わります。

今の言い方では、自分の思いがあなたに伝わっていなかったんだ、ということ。

そして、あなたが自分のことを知りたがっているんだ、ということ。

どうして？　と聞かれて答える。わからなかったら、また尋ねる。これをくり返すことは、「異文化」を知ることでもあります。そしてお互いの文化を十分に知ったとき、共感が生まれ、深くつながり合う友達になっていけるのです。

わからないことがあったときに「どうして？」と聞くことは、異文化を知るきっかけになる。

case study17　こんな私に、友達はつくれる？

空気を読むのが苦手なせいか「かわった人」と思われてしまいます

本当は違うのに、私ってきつそうに見えるみたいだから。まじめそうに見えるせいで、話しかけづらいみたいだから。

友達ができにくい理由を、自分が人に与えるネガティブな印象と関連づけている人は少なくありません。

たしかに私たちは、まだ話したこともない人を、自分の受けた印象だけで「～な人」と決めつけてしまうことがあります。でも、さまざまな印象をつくり出しているのは、外見や態度だけではありません。

私たちの脳は、注意を向けた相手とつながることができます。つまり相手が感じたことは、あなたが思ったことでもあるのです。

他人が自分のことをどう思うだろう？　と考えたとき、「明るくてかわいくて、頭もよさそう、ってところかな？」などと思える人はあまり多くないはず。むしろ、自分に足りないと感じている部分にばかり目が行き、必要以上に否定的になってしまう人が多いのです。

あなたの場合、「私は空気を読むのが苦手」「スムーズに場に溶け込めないから、かかわった人みたいに見えているかも」と思ってしまうのでしょう。その考えが、周りの人に伝わってしまっているわけです。

つまり、自分に関するネガティブな印象は、自分自身がつくり出しているものであることが多いのです。そして多くの場合、**その原因は、あなたが人の気持ちを考えすぎてしまうことにあります。**

人の気持ちを考えすぎるのをやめてみる

他人から、「本来の自分とは違う」イメージをもたれていると感じるなら、人の気持ちを考える習慣を手放しましょう。「あの人は私のことをこう思うかも」などと、いちいち想像するのをやめるのです。

自分と同じ人はいないのですから、自分以外の人が何をどう思うかなど、どんなに考えてもわかるはずがありません。それなのに先回りして深読みするから、自分に対するネガティブな思い込みが生まれます。そして結果的に、思い込みでつくり上げたネガティブな自分のイメージが周りに伝わってしまうのです。

他人が自分をどう思うか？　と考えるのをやめれば、自分に対する否定的な思いが浮かぶこともありません。すると自然に、人に与える印象もかわっていくのです。

自分を守るため、あえて空気を読まないことも

また、「空気を読むのが苦手」なのは、空気を読む能力が劣っているからではありません。実際は、あえて空気を読まないようにしているのです。空気を読まず、場に溶け込まないことで、人との関わりを避けているのです。

なぜそんなことをするのでしょう？

それは、**自分を守るためです。**

今、身近にいる人とは文化の違いが大きすぎて共感できない、と感じているのです。

無理をして関わると相手が嫉妬の発作を起こし、攻撃されることがわかっているから、無意識で距離をおこうとしているわけです。

こうした場合は、自分とパーソナル数値（28ページ）が近い相手を探し、その人たちとつき合うことを考えてみてもよいかもしれません。もちろん、パーソナル数値が大きく違う相手とでも友達になることはできます。ただしそのためには、お互いに相手を知ろうとすることが必要で、理解を深めるためには時間もかかります。

自分と似た文化をもつ相手とは、共感しやすいもの。共感し合い、対等な関係でいられる場では、嫉妬の攻撃から身を守らなければ！　と緊張し続ける必要もなくなります。そして**緊張度が下がれば、自然と周りに受け入れられやすくなるもの**。そうなれば、「空気を読めない」「かわった人と思われる」などといった自分へのネガティブな思い込みも弱まっていくでしょう。

人の気持ちを考えすぎるのをやめれば、緊張度が下がる。ネガティブな印象も消え、周りに受け入れられる。

case study18　こんな私に、友達はつくれる？

相手の反応がいちいち気になってしまいます

自分と話しているときに相手が目をそらせば、私の話に退屈しているのかな？　相手の反応が鈍ければ、あれ？　何かいけないことを言っちゃったかな？　相手のちょっとした反応がどれも「自分のせい」のように思えてしまう場合、**あなたとその人の間には上下関係ができてしまっているのかもしれません。**

友達は、対等な関係です。でも上下関係でつながっている相手とは、「支配する側」と「支配される側」になってしまいます。支配される側には、相手を喜ばせようという気持ちが働きます。そして、相手の顔色をうかがうようになってしまうのです。

いったんできあがってしまった上下関係は、「支配される側」がどんなにサービスしても解消されることはありません。むしろサービスすればするほど、上下関係が強化されていくだけです。

相手の顔色をうかがうような関わり方をやめたいなら、「支配される側」でいるのをやめるしかありません。下手に出たり必要以上に謙虚に振る舞ったりするのをやめ、相手と対等な「友達」になることができればベストです。

でも友達になるためには、それなりに時間も必要。「今すぐなんとかしたい!」と思うなら、思い切って「相手との上下関係をひっくり返す」という手もあります。

じっと目を見て、相手の「孤独」を見透かす

相手の反応が気になってしまうときは、相手の目をじっと見つめてみましょう。このとき、相手の表情や態度に惑わされてはいけません。

自分と同じ人間はいないし、完璧にわかり合える人もいない……。私たちは、この事実を無意識で知っています。だから私たちは、だれもが孤独を感じています。友達に囲まれ、華やかに見える「ソーシャル・バタフライ(117ページ)」であっても、心の底には孤独感があるものなのです。

相手の目を見るのは、目の奥にある「孤独」を探すためです。孤独を見ようとする

のは、相手を知ろうとすること。まなざしは自然にやさしくなります。威圧感がないので、相手が「にらまれている」などと感じることはありません。

目の奥をじっと見られると、相手は居心地が悪くなってきます。「支配する側」にとって、自分が孤独を抱えていることは認めたくないもの。それを見透かされそうになることで不安になり、思わず自分から目をそらしてしまいます。

そして相手が目をそらしたとき、ふたりの間の上下関係がひっくり返ります。あなたは、「気をつかう側」から「気をつかわれる側」になるため、もう相手の反応にビクビクする必要はなくなるのです。

反応を気にしているのは、実は相手のほうかも

もうひとつの可能性として、相手の反応を気にしているのは自分ではない、ということも考えられます。あなたはAさんの顔色をうかがっているつもりでも、実はAさんがあなたの反応を気にしていた……というケースです。

私たちは注意を向けた相手と脳でつながるため、相手の思いが自分に流れ込んでき

ます。そのため、どれが自分の本当の気持ちなのか、見分けがつかなくなることも珍しくありません。

こういった場合の解決法は、意外に単純です。**自分にとって不都合な感情は「他人のもの」と思えばよいのです。**

自分の感情だと思うと、「なんとかしなければ」などと考えすぎたり、つらくなったりしてしまうこともあります。でも、外から入ってきた他人の感情だと思えば、自分が頑張って対処する必要はありません。「へえ、Aさんは私の反応をいちいち気にしてるんだ。たいへんだなあ」と軽く流しておけばすみます。

不都合な感情は、本当にすべて他人のものなの？　などと突きつめる必要もありません。不要な緊張をとり除き、自分らしく生きるためには、ちょっとぐらい「人のせい」にすることがあってもいいのです。

相手の反応が気になるのは、支配される側だから。上下関係をひっくり返し、「気をつかわれる側」になってみる。

case study19　こんな私に、友達はつくれる？

相手に少しでも強く出られると萎縮してしまいます

あなたとAさんは、仕事の進め方を相談しています。あなたは、先輩からの指示をAさんに伝えます。まず担当部署からデータを集め、それを表にまとめること。それを聞いたAさんは、すぐに言い返してきます。先に表をつくり、それを担当部署にチェックしてもらったほうが早いんじゃない？

あなたは内心、先輩の指示通りにやったほうがいいのに……と思いながら、Aさんに同意します。そうだね。Aさんのやり方のほうがいいね。

あなたがAさんに反論しなかったのは、おそらくこんな理由からでしょう。頭の回転が速く、口も達者なAさんのことが、少しこわかったから。私が意見を言ったって、どうせ聞いてもらえないから。つまりあなたは、気が強いAさんに押されて委縮してしまい、言いたいことも言えなかった……というわけです。

自分は萎縮しているつもりでも、相手にとっては……

では、Aさんには、同じ場面がどのように見えているのでしょう？

あなたの説明に対し、Aさんは別のやり方を提案しました。するとあなたは、すぐにAさんの意見に同意します。でも、「Aさんのやり方のほうがいいね」と言いながら、実は「先輩の指示通りにやったほうがいいのに」と思っているのは丸わかりです。

効率よく仕事を進めようと思って意見を言ったのに、それをちゃんと聞こうともしないし、自分で考えようともしない。何なの？　この投げやりな態度。それとも、自分の言ったことを否定されたと思ってふてくされてるわけ？

あなたは、否定するかもしれません。私の態度が「投げやり」とか「ふてくされてる」なんて思われるわけない。だってこんなときの私は、見るからにオドオドしてしまうから。だれが見たって、「萎縮している」と感じるはず！

でも、仮にあなたがオドオドしていたとしたら、Aさんはこう思うでしょう。とりあえず気が強い同僚の言うことを聞いてやればこの場が丸くおさまる、とでも思ってるんだろうな。なんだか私、バカにされてるみたい。

つまり、**あなたの思う「萎縮している私」の態度は、他人には違う見え方をしているのです。**理由はどうあれ、あからさまに「弱い私」「かわいそうな私」を演じられるのは不快なもの。同情し、やさしくしてあげなくちゃ、なんて思う人はまずいません。むしろあなたが委縮するほど、相手の受け止め方は厳しくなるはずです。

弱者を演じることは、攻撃の一種

こうしたことが起こるのは、「萎縮している私」という態度が、実は相手を威圧しているからです。相手を攻撃する方法は、わかりやすくガツン！　とやることだけではありません。自分からは何もしない「受動攻撃（49ページ）」のように、攻撃されているとは思わせずにダメージを与える方法もあるのです。

「弱者」になってみせることも、受動攻撃のようなものです。Aさんにしてみれば、仕事に関する提案をしただけです。それなのにあなたに「弱者」を演じられてしまうと、自分が不快なのはもちろん、様子を見ていた周りの人たちから「Aさんは自分勝手」などと思われるリスクまで出てくることになるのです。

こうした結果が予測できるから、**あなたの思う「萎縮」は、相手にとっての「攻撃」になるのです。** あなたは自分がビクビクオドオドしているつもりかもしれませんが、あなたが怯えてみせるほど、相手はこわがってしまいます。

仲間として受け入れられ、友達として対等な関係になりたいなら、人前で萎縮しないことです。これまでの経験から、ついビクビクしてしまいそうになるかもしれませんが、あなたが萎縮しなければ、相手があなたを攻撃することはありません。

あなたは相手がこわい、相手はあなたがこわい。そんな関係は、友達としての「共感」とはほど遠いもの。まずはあなたから、攻撃するのをやめてみましょう。

萎縮することは、相手を攻撃すること。あなたのオドオドした態度が、相手をこわがらせている。

case study20 こんな私に、友達はつくれる？

他人との距離感をはかるのが苦手です

心地よく感じる他人との距離感は、人それぞれです。信頼できる相手であっても、踏み込みすぎない関係を好む人もいれば、つき合いの浅い相手ともベッタリ一緒にいたがる人もいます。

友達との精神的な距離は、相手との親しさの度合いや信頼の深さに比例するわけではありません。だから、「親しくなるほど距離が縮まる」わけではないのです。

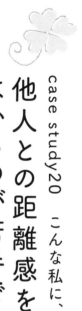

また、他人との距離のとり方に絶対的な「正解」はありません。あなたが「ほどよい」と感じる他人との距離感は、Aさんにとっては近すぎるかもしれないし、遠すぎるかもしれないのです。

さらに、**距離感はあくまで「ふたり」の間で決まるもの**です。あなたとAさんにとってほどよい距離感がわかったとしても、それがそのままBさんにも通用するとは限りません。あなたとBさん、AさんとBさんの間で、それぞれの距離感をつかんでいく必要があるのです。

距離感に悩まされるのは、異文化に属する相手

親しい相手とも一定の距離を保ちたい人の場合、自分のプライバシーに遠慮なくズカズカ踏み込んでこられるのは、ありがたくないものです。反対に、濃いつき合いを望む人の場合、友達に距離をおかれるとさびしく感じるかもしれません。「私にとってほどよい距離はこのぐらい」などと具体的に伝えられるものでもないだけに、はかり方が難しいこともあるでしょう。

ただし、深いつき合いができる友達であれば、距離のとり方に迷うことはほとんどないはず。共感し合える関係であれば、とくに気をつかわなくても、自然にほどよい距離を保てるものだからです。

また、パーソナル数値(28ページ)が近く、似た文化をもつ相手とは、他人との距離のとり方も似ている傾向があります。つまり、距離感に悩まされるのは、つき合い

が比較的浅く、自分と違う文化に属している人に対してであることが多いのです。

相手の文化を学べば、自然にほどよい距離を保てるように

距離のとり方に関して違和感を覚えることが多いなら、あなたは異文化の中にいる可能性が高いといえます。身近に共感しやすい相手が少ないため、自分が「他人との距離感をはかるのが苦手な人」であるように感じてしまうのでしょう。

距離のとり方に関して違和感を覚える原因は、相手を「自分と同じ」と思ってしまうことです。私たちはつい、自分が心地よいと感じる距離が、相手にとっても心地よいだろう、と決めつけてしまいがちです。でも自分の基準は、他人にはあてはまりません。とくにパーソナル数値の開きが大きい相手であれば、自分とは価値観も大きく違うのが普通です。

まずは、他人と自分は違う、と認識すること。そのうえで、相手を知ろうとすることです。「ちょっと踏み込みすぎちゃったかな？」とか「もうちょっと距離を縮めてもいいのかな？」などと感じたときは、自分の感覚を否定しないこと。この人にとっ

て心地よい距離はどのぐらいなんだろう？　と考えてみましょう。

何よりも大切なのは、相手の文化を「知る」ことです。

そして、このときに間違えてはいけないのが、「知る」だけでよい、ということ。相手の文化に合わせて自分がかわろうとしたり、お互いに歩み寄ろうと頑張ったりする必要はありません。

また、「Aさんはこうしてほしいはず」などと気をつかう必要もありません。「相手のために」何かをしようとするのは、対等な関係とはいえません。どちらかが一方的に気をつかうようになると、友情が上下関係にかわってしまいます。

相手のことをきちんと知りさえすれば、あとは「ああしよう、こうしよう」などと考えなくて大丈夫。無意識に任せていれば、自然に相手に合った関わり方ができるようになるものだからです。


距離感をはかるのが苦手なのではなく、異文化の中にいるだけ。まずは相手を知り、相手の文化を学ぶ。

case study21　こんな私に、友達はつくれる？

自分の本音とは違っても人に同意することしかできません

私たちは何気ない会話の中で、友達に「同意を求める」ことが少なくありません。でも、その多くは「あのドラマ、すごくおもしろいよね！」とか、「A課長って、あんまり仕事できないと思わない？」という程度。同意するかどうか、真剣に考えるようなものではありません。

それなのに、「ノー」が言えないのはなぜなのでしょう？

気が弱いから。人の気持ちを考えすぎてしまうから。自分の中では、こんな風に理由づけしているかもしれません。でも、本当にそうでしょうか？

「イエス」の裏には、必ず「ノー」があります。ちょっとしたことにも「イエス」としか言えないあなたは、本当は強い反発心のもち主。本音では、「ノー」と言いたいことがたくさんある。でも、言ってはダメ！　そんな思いから、何に対しても「イエス」と答えている……。そんな可能性もあります。

異文化に溶け込むために、本音を隠して「イエス」

ではなぜ、「ノー」と言いたい気持ちを抑えなければならないのでしょう?
それは、**今あなたがいる場所で「ノー」と言ったら、友達に受け入れてもらえない、と感じているからです。**

本来、人と違う意見を言うことは、相手の意見を否定することではありません。私は、こう思う。あなたは、こう思う。ただ「違う」というだけです。

でもおそらく、あなたの身近にいる人の多くは、「友達だったら、同じ考えをもっているのが当然」という文化をもつ人なのでしょう。そんな場では、ちょっとしたことにでも「ノー」と言ったら異分子とみなされてしまいます。そして、嫉妬の発作を起こした人たちから攻撃されることになりかねません。

つまりあなたは、異文化の中にいるということ。そこで攻撃されるのを防ぐために、「ノー」という本音を隠しているのです。

異文化をよく知れば、「ノー」と言えるようになることも

今のあり方をかえたいなら、できることはふたつあります。ひとつめは、パーソナル数値（28ページ）が自分に近い人を探し、その人たちとつき合うこと。自分と同様、「ノー」を自然に受け入れてくれるところへ居場所を移すのです。

ふたつめは、**今いる場所で、友達の文化を学んでみること。**「本音を言ったら受け入れてもらえない」というのは、あなたの思い込みの可能性もあるからです。相手の文化をよく知れば、実は「ノー」と言っても大丈夫だった、という発見があるかもしれません。あなたが本当の自分を出せるようになれば、友達はあなたの文化を知ることができます。お互いに相手の文化を学べば、共感し合える関係にもなれるはずです。

「イエス」しか言えないのは、「ノー」と言いたい気持ちを抑えるため。「ノー」と言える場所を探してみる。

Column

上下関係をつくらせないために
逆説のテクニック

「あなたってお人好しだから」のように、「あなたって〇〇な人」と他人を定義したがる人がいます。これは、他人との間に上下関係をつくりたいから。自分の言葉で相手をコントロールすることによって、優位に立とうとしているのです。

ちなみに、こうした決めつけは当たっていないことが多いのですが、反論するのは逆効果です。それより、相手の言ったことに大げさに同意してみせましょう。

本当にそうなの。よくわかってるね。びっくりしちゃう。

相手の予想を裏切るような反応を「逆説」といいます。私たちの脳はあまのじゃくなので(115ページ)、こんな風に言われると、相手は「いや、実はわかってないかも……」と思いはじめるもの。結果的に、あなたをコントロールすることも、自分が優位に立つこともできなくなります。

case study22　こんな私に、友達はつくれる？

ちょっとした発言や行動で周りの人に引かれることがあります

自分が何気なく言ったりしたりしたことに対して、相手に「引かれる」のは、気分のよいものではありません。引かれたことをきっかけに、「私って、ヘンなんだ……」などと思い込んでしまうこともあるでしょう。

引いた側は、「意外なことを言うから驚いちゃっただけ」などと思っているでしょうが、心の深い部分では、あなたが不快になることがわかっています。**「引いてみせる」ことも、嫉妬の発作**（57ページ）**による攻撃の一種だからです。**

嫉妬の発作は動物的な本能によるものです。発作が起こると、相手に対する破壊的な思いがわき上がり、攻撃的な行動をとってしまいます。

嫉妬の発作→攻撃は、自動的に行われるもの。本人にも止めることができません。それどころか、自分が嫉妬の発作を起こしていることや、他人を攻撃していることに気づかないことも多いのです。

かえる必要があるのはあなたの言動ではなく人との関係

あなたに嫉妬する人は、あなたを自分より「下」の存在だと決めつけています。そのあなたが、「もしかしてこの人、私よりすごい?」「私よりいい思いをしてる?」などと思わせるようなことをすると、相手は嫉妬の発作を起こしてしまうのです。そして、あなたを傷つけ、いやな思いをさせるために、「引いてみせる」という形で攻撃を加えてくるのです。

つまり、周りの人が引いたからといって、あなたがおかしな言動をしているとは限らない、ということ。相手が勝手につくり上げていた上下関係のせいで、嫉妬の発作を起こしているだけ、ということも多いのです。

だから、あなたが自分の言動をかえようとしたり、反省したりする必要はありません。かえるべきなのは、あなたと周りの関係。友達との間にできてしまった上下関係を解消することです。

周りに引かれたときは「So what?」

上下関係を解消するためには、あなたが「支配される側」でいるのをやめなければなりません。

過剰な謙遜をやめる。

必要以上に下手に出るのをやめる。

相手を喜ばせるためにサービスするのをやめる。

そして、引かれることがあっても、「ヘンなこと言っちゃったかな?」と弱気になったり、「いやいや、今のナシ!」などとあわてたりしてはいけません。

相手に引かれたとき、一番よいのは、思い切って「ＢＩＧな態度」に出ることです。

私は、ヘンなことなんて何もしていないけど? ヘンなのは、こんなことで引くあなたのほうじゃないの? と、態度で示してやるのです。

ＢＩＧな態度って言われても、どうしたらいいのかわからない……という人は、頭の中で「だから、何(So what)?」と叫んでみてください。これは、人からどう見られるだろう？ ヘンな人って思われたらどうしよう？ などのモヤモヤを吹き飛ばす暗示の言葉。自己肯定感を下げるような思いが一瞬で消え、本来の自分に戻ってドーンと構えていられるようになるはずです。

こうして上から目線で接することで、あなたは「支配される側」ではなくなります。私たちの嫉妬の対象は、自分より下の人間に限られます。自分より上の相手であれば、優れたものをもっていることも、自分よりいい思いをすることも「あたりまえ」と思えるため、嫉妬が起こらないのです。

だから、まずは自分がＢＩＧな存在であることをわかりやすい形でアピール。すごいものをもっていて当然の人なんだ、と相手にわからせることができれば、嫉妬の攻撃はおさまります。あなたが思うままに振る舞っても、周りがいやな感じで「引いてみせる」ことはなくなるでしょう。

「引いてみせる」のは、嫉妬による攻撃の一種。嫉妬の対象でなくなれば、あなたの振る舞いも受け入れられる。

case study23　こんな私に、友達はつくれる？

グループの友達と一緒にいてもなぜか疎外感があります

一緒に過ごす友だちはいるのに、なんとなくさびしい。グループ内の人間関係だって悪くないし、みんな楽しそうにしているのに。私は何にモヤモヤしているの……？

こんな風に自分の気持ちをうまくつかみきれないのは、あなたが感じていることが自分の思いではないからかもしれません。

では、だれのものでしょう？

意外に思うかもしれませんが、おそらく、グループの他のメンバーのものです。

私たちは脳でつながることができるため、一緒に過ごすグループのメンバーの気持ちはあなたにも伝わってきます。つまり、あなたが感じるさびしさや疎外感は、あなた以外の人から受けとったものである可能性も大きいのです。

あなたには、自分以外の人はグループになじみ、楽しそうにしているように見えるのでしょう。でも実は、グループの全員が、あなたと同じようにどこかしっくりしない感じを抱えている、ということも考えられます。そして、他のメンバーには、あなたがグループになじんで楽しそうに過ごしているように見えているのかもしれません。

ひとりひとりと向き合えば共感が生まれる

職場の同僚やママ友といった目的別の友達の多くは、お互いに共感しやすいから、という理由で友達になるわけではありません。仕事をスムーズに進めるため、子ども同士が仲よくできるようにするため、といった共通の目的のために、同じ場にいる人とつき合うようになるのが一般的です。

パーソナル数値(28ページ)が近いかどうか、などの基準で選んでいないため、同じグループにいても、メンバーが属する文化はバラバラです。こういったグループでは、自然に共感や信頼が生まれる……という流れにはなりにくいもの。だから、同じ場で一緒に時間を過ごしていても、孤独を感じることが多いのです。

さびしさをやわらげるためには、疎外感を感じているのは自分だけではない、と理解することです。たとえば5人グループの場合、自分だけが孤独だと思い込んでいると、「孤独な自分：共感し合っている他の4人」という構図ができてしまいます。こうなると、まるで仲間外れにされたように感じてしまうでしょう。

でも、5人がそれぞれ孤独を感じているとしたら？　そのことに気づけば、グループの実態が「孤独な人×5」だったことがわかるはず。自分ひとりが浮いていたわけではなく、そもそもグループのメンバーの間に共感は存在しなかったのです。

「5人グループ」とひとまとめにして捉えるのではなく、「孤独な人が5人」という目で見ると、ひとりひとりと向き合ってみよう、という気持ちになるはずです。そして、それぞれの文化にも興味を覚えるようになるでしょう。グループのメンバーがお互いについてきちんと知ろうとすれば自然に共感が生まれ、疎外感もやわらいでいくのではないでしょうか。


さびしいのは自分だけ、とは限らない。

理由がわからないさびしさは、他人のものかも。

おわりに

実は私は「自分には友達はいない」と思っていたのですが、「あ！　友達はいた！」とこの本の執筆を通じて気づいたのでした。そして、その友達がずっと私の支えとなっていてくれて今の私がある、ということにも気づいたのです。私が講演会で話をしたときに、会場にいた方が「いつもご著書を読んでいます」と言って近づいてきてくれて、私に握手をしてくれました。私は、そのとき、「この人は私の友達だ」と思ったんです。でも、同時に私は心の中で「こんなちっぽけな私がこの方の友達なんて思っていいのかな？」と不安になりました。でも「もしかしたら、この方は私のことを友達と思ってくれているかもしれない」となぜかその方とのつながりを感じました。

ずっと私は「自分なんてだれかの友達になる価値なんかない」と思っていました。だれと楽しく話していても、心の中では私は「私はだれからも友達と思われることはない」と孤独を感じていました。それまで、人を信じて人に裏切られる、ということをくり返していましたから、「友達」と思った相手から裏切られて傷つくことがこわかったのかもしれません。でも、それ以上に「自分にはそんな価値がない」という気持ちのほうが強かったことが、今だとわかるのです。

自分は「価値がある人間にならなければ友達がつくれない」と思って努力してきました。でも、努力しても反省することばかりで、自分にちっとも価値を見出すことなんかできませんでした。どんなに人からほめられて、評価されても、私は「私にはだれかの友達になる価値なんかない」と思い続けてきたんです。でも、相手がどう思おうと私が「友達」と思えばいい、ということに気がつき、相手が私のことをどう思っているのかということは関係ないんだ、とある意味で開き直ったんですね。すると、私の中に大切な友達ができました。

そうなんです。私が「友達」と思ったらその人は私の心の中でかわらずずっと友達でい続けてくれる。相手が何をしようと、どんな態度をとろうと私には関係なくて、私の中でかわらず「友達」と思い続けられるこの喜び。人から見たら、「それって一方的な関係なんじゃない？」とまるで片思いのような存在に思われるかもしれません。でも、この本を通じて多くの人が心の中でこうして知り合った相手のことを「友達」と思ったときには片思いにならなくなる。つまり、この片思いの輪が広がったら、いつしかお互いが「友達」と認識するようになって片思いじゃなくなるのです。

お互いに「友達」と思いながら、相手がどんなことをしようと関係なく「友達」と思い続ける喜び。そして、その友達の存在によって、自分が孤独から解放されて、どんどん自由に生きられるようになっていく。私は、これまで自分の孤独を解消するためにたくさんの時間を割いてしまい、その時間を自分のために使うことができませんでした。でも、こうして「どんなときでも私を信じていてくれる友達がいる」となったときに、私は孤独から解放されて、自由に自分のために生きることができるようになりました。自分のために生きるようになったら、人のことを考えなくなってしまうから友達なんかいなくなるのでは？　と以前は恐れていたような気がします。でも、こうして孤独から解放されて自由に自分の人生を生きてみると、私の友達の輪はどんどん広がっていました。

友達の輪が広がることで私が感じたことは、「揺るぎない自信」でした。私は、友達の輪が広がったら、楽しくなったり、いろんな可能性が広がっていくのかな？　と思っていたのですが、「友達ができると自分の中に確固たる自信ができるんだ！」とちょっとびっくり。それまでのオドオドした自分がいなくて、地に足がついている自分がそこにいてちょっとうれしくなりました。

なぜなら、これを何より自分が一番求めていたものだったから。「友達がいない」と思って孤独を感じていたときは、外見は大人なのですが、中身が「子どものまま」で自分の落ち着きのなさがものすごく苦しかったんです。いつも、どこにいても、オドオドしていて「人から嫌われるんじゃないか？」とか「あの人間違っている！」といやなことばかり考えてしまう、そんな「子ども」。

「友達」と私が一方的に思うようになって、その輪が広がったときに、その子どもの私はどこかに消えてしまって、大人の自分でいられるようになりました。そう、どんな人の前でも揺るがないでそこにいられる自分になったんです。それは私につながってくれる友達が私を信じて支えてくれる、という感覚からなのかもしれません。

友達のつながりとは、精神的に成長させてくれて安定を与えてくれるものなのだとこの本を通じて私は初めて知ることができました。そんな大切な友達のことを人から「その友達とは連絡をとり合っているんですか？」と聞かれたら私は「とり合っています！　心の中で」と答えるでしょう。「そんなの友達っていえるんですか？」と質問されたら私は、「はい！　私の友達は私をしっかり支えて私を成長させてくれました」と答えるでしょう。揺るぎない自信をもって。そして、友達の輪がその人の人生をかえていきます。さらにその人の揺るぎない自信が、友達の輪を広げて日本をも、かえていく力になっていくような。そんな予感がしているんです。

著者

大嶋信頼（おおしま　のぶより）
心理カウンセラー／株式会社インサイト・カウンセリング代表取締役。米国・私立アズベリー大学心理学部心理学科卒業。アルコール依存症専門病院、周愛利田クリニックに勤務する傍ら、東京都精神医学総合研究所の研修生として、また嗜癖問題臨床研究所付属原宿相談室非常勤職員として依存症に関する対応を学ぶ。嗜癖問題臨床研究所付属原宿相談室室長を経て、株式会社アイエフエフ代表取締役として勤務。心的外傷治療に新たな可能性を感じ、株式会社インサイト・カウンセリングを立ち上げる。ブリーフ・セラピーのFAP療法（Free from Anxiety Program）を開発し、トラウマのみならず多くの症例を治療している。カウンセリング歴25年、臨床経験のべ８万件以上。

「本当《ほんとう》の友達《ともだち》がいなくてさびしい」と思《おも》ったとき読《よ》む本《ほん》

2019年３月28日　初版発行

著者／大嶋《おおしま》 信頼《のぶより》

発行者／川金 正法

発行／株式会社KADOKAWA
〒102-8177　東京都千代田区富士見2-13-3
電話　0570-002-301（ナビダイヤル）

印刷所／大日本印刷株式会社

ISBN 978-4-04-896474-6　C0076